Σ BEST
シグマベスト

JN098603

最高水準
問題集

中1英語

佐藤誠司　著

文英堂

本書のねらい

▶みなさんは，"定期テストでよい成績をとりたい"とか，"希望する高校に合格したい"と考えて毎日勉強していることでしょう。そのためには，**どんな問題でも解ける最高レベルの実力を身につける必要があります**。では，どうしたらそのような実力がつくのでしょうか。それには，よい問題に数多くあたって，自分の力で解くことが大切です。

▶この問題集は，最高レベルの実力をつけたいという中学生のみなさんの願いに応えられるように，次の3つのことをねらいにしてつくりました。

1	教科書の内容を確実に理解しているかどうかを確かめられるようにする。
2	おさえておかなければならない内容をきめ細かく分析し，問題を1問1問練りあげる。
3	最高レベルの良問を数多く収録し，より広い見方や深い考え方の訓練ができるようにする。

▶この問題集を大いに活用して，どんな問題にぶつかっても対応できる最高レベルの実力を身につけてください。

本書の特色と使用法

① すべての章を「標準問題」→「最高水準問題」で構成し，段階的に無理なく問題を解いていくことができる。

▶本書は，「標準」と「最高水準」の2段階の問題を解いていくことで，各章の学習内容を確実に理解し，無理なく最高レベルの実力を身につけることができるようにしてあります。
▶本書全体での「標準問題」と「最高水準問題」それぞれの問題数は次のとおりです。

標 準 問 題……113題　　最 高 水 準 問 題……163題

豊富な問題を解いて，最高レベルの実力を身につけましょう。
▶さらに，学習内容の理解度をはかるために，より広いまとまりごとに「**実力テスト**」を設けてあります。ここで学習の成果と自分の実力を診断しましょう。

② 「標準問題」で，各章の学習内容を確実におさえているかが確認できる。

▶「標準問題」は，各章の学習内容のポイントを1つ1つおさえられるようにしてある問題です。1問1問確実に解いていきましょう。各問題には［タイトル］がつけてあり，どんな内容をおさえるための問題かが一目でわかるようにしてあります。

▶どんな難問を解く力も，基礎学力を着実に積み重ねていくことによって身についてくるものです。まず，「標準問題」を順を追って解いていき，基礎を固めましょう。

▶その章の学習内容に直接かかわる問題に■重■のマークをつけています。じっくり取り組んで，解答の導き方を確実に理解しましょう。

③ 「最高水準問題」は各章の最高レベルの問題で，最高レベルの実力が身につく。

▶「最高水準問題」は，各章の最高レベルの問題です。総合的で，幅広い見方や，より深い考え方が身につくように，難問・奇問ではなく，各章で勉強する基礎的な事項を応用・発展させた質の高い問題を集めました。

▶特に難しい問題には，難マークをつけて，解答でくわしく解説しました。

④ 「標準問題」にある〈ガイド〉や，「最高水準問題」にある〈解答の方針〉で，基礎知識を押さえたり適切な解き方を確認したりすることができる。

▶「標準問題」には，ガイドをつけ，学習内容の要点や理解のしかたを示しました。

▶「最高水準問題」の下の段には，解答の方針をつけて，問題を解く糸口を示しました。ここで，解法の正しい道筋を確認してください。

⑤ くわしい〈解説〉つきの別冊解答。どんな難しい問題でも解き方が必ずわかる。

▶別冊の「解答と解説」には，各問題のくわしい解説があります。答えだけでなく，解説もじっくり読みましょう。

▶解説には⑰得点アップを設け，知っているとためになる知識や高校入試で問われるような情報などを満載しました。

もくじ

He [She] plays ～. / 所有格と目的格

～しなさい / ～できる

～している / ～した

～するつもりだ，～だろう

別冊 解答と解説

1 My name is ～.

標準問題──────────────────────解答 別冊 p.2

重要 001 **[My name is ～.]**

例にならって，「私の名前は～です。」という文をつくりなさい。

(例)

Emi　　　　　① Tom　　　　　② Judy　　　　　③ Ken

(例) My name is Emi.

① _____

② _____

③ _____

ガイド	My	name	is	Emi.
	私の	名前は	エミ	です。

語句 my [mái] 私の　name [néim] 名前　is [íz] ～です　① Tom [tám]　② Judy [dʒúːdi]

---

002 **[あいさつの表現]**

①～⑤の英文の意味を右のア～オから1つずつ選び，（　　）内に記号を入れなさい。

① Excuse me.　　　（　　）　　ア ありがとう。

② Thank you.　　　（　　）　　イ さようなら。

③ I'm sorry.　　　（　　）　　ウ 失礼ですが。

④ Nice to meet you.（　　）　　エ ごめんなさい。

⑤ Bye.　　　　　　（　　）　　オ はじめまして。

ガイド	出会いや別れのあいさつを覚えよう。
	・Hello. 「こんにちは。」　・How are you?「ごきげんいかがですか。」
	・Good morning.「おはよう。」　・Good afternoon.「こんにちは。」
	・Good evening.「こんばんは。」　・(Good) bye.「さようなら。」

語句 ① excuse [ikskjúːz]　me [míː]　② thank [θǽŋk]　you [júː]　③ I'm [áim]　sorry [sári]

④ nice [náis]　to [túː]　meet [míːt]　⑤ bye [bái]

最 高 水 準 問 題 ───────────────────────────── 解答 別冊 p.2

003 （　　）内に適当な語を入れて，英文を完成しなさい。

① 私の名前はマエダ・ケンです。

　　My (　　　　) (　　　　) Ken Maeda.

② ごきげんいかがですか。　　(　　　　) are you?

③ おやすみなさい。　　　　(　　　　) night.

④ ありがとう。　　　　　　(　　　　) you.

⑤ さようなら。　　　　　　(　　　　) bye.

004 ①〜⑤の場面で使うのに適当な英文を下のア〜オから１つずつ選び，（　　）内に記号を入れなさい。

① お昼過ぎに友だちと会ったとき。　　　　　　　　　　　　　　(　　　　)

② 友だちに何かを頼まれて，「いいよ。」と返事をするとき。　　　(　　　　)

③ 混雑したエレベーターの中で降りるときに「すみません。」と言うとき。(　　　　)

難 ④ 旅行にでかける友だちに「行ってらっしゃい。」と言うとき。　(　　　　)

難 ⑤ 相手の言ったことがよく聞こえなくて，もう一度言ってほしいとき。(　　　　)

　　ア O.K.　　　　　　　イ Pardon?　　　　　ウ Excuse me.

　　エ Good afternoon.　　オ Have a nice trip.

005 次のような場合に使う表現を，英語で書きなさい。

① 道をたずねようとして「すみません。」と知らない人に声をかけるとき。

─────────────────────────────────────

② 路上でほかの人にぶつかってしまい「すみません。」と言うとき。

─────────────────────────────────────

③ 荷物を運ぶのを手伝ってくれた人に「どうもすみません。」と言うとき。

─────────────────────────────────────

解答の方針
003 前ページの ガイド を参考にしよう。　② are [áːr]　③ night [náit]
004 pardon [páːrdn]　good [gúd]　afternoon [æftərnúːn]　have [hæv]　trip [tríp]
005 日本語の「すみません」は，あやまるときやお礼を言うときなど，さまざまな場面で使う。英語ではそれぞれ違う表現を使うことに注意。

2 This [That] is 〜.

標 準 問 題 ————————————————————— 解答 別冊 p.2

重要 006 〉 [This [That] is 〜.]

空所に適当な語を入れて，英文を完成しなさい。

① これはテーブルです。　　This (　　　　　) a table.

② これはネコです。　　　　(　　　　　) is a cat.

③ あれは鳥です。　　　　　That (　　　　　) a bird.

④ あれは学校です。　　　　(　　　　　) a school.

> ガイド (1) **This is a ＋名詞.**「これは〜です。」（近くにあるものを指して言う文）
>
> 　　　　 **That is a ＋名詞.**「あれは〜です。」（離れたところにあるものを指して言う文）
>
> 　　　　 ※ That is をまとめて That's [ðǽts] とも言う。このような形を「短縮形」と言う。
>
> (2) **「名詞」とは**：ものの名前を表すことば。table(テーブル)，cat(ネコ)，boy(男の子)，Tom(ト
>
> 　　　　 ム)などはすべて名詞。
>
> (3) **a の働き**：a は「1つの」という意味で，名詞の前につける。

語句 ① this [ðís] これ　table [téibl] テーブル　② cat [kǽt] ネコ　③ that [ðǽt] あれ　bird [bə́:rd] 鳥
④ school [skú:l] 学校

重要 007 〉〈英文のきまり〉

次の語を並べかえ，英文を書くときのきまりに従って文を完成しなさい。

① a / this / cup / is / (.)

_____

② that / Fuji / Mt. / is / (.)

_____

③ is / this / Yamada / Mr. / (.)

_____

④ a / that's / train / (.)

_____

> ガイド (1) 文の最初の語は大文字で始める。文の終わりにはピリオド(.)をつける。
>
> (2) 文中の語は大文字にしない。ただし，「山田さん」「富士山」のように，人名や地名を表す名詞は
>
> 　　　　 大文字で始める。
>
> (3) 人名(名字)の前には，男性の場合は Mr. [místər]，女性の場合は Ms. [míz] をつける。

語句 ① cup [kʌ́p] カップ　② Mt. [máunt] 〜山　④ train [tréin] 電車

最 高 水 準 問 題 ──────────────────── 解答 別冊 p.3

008 次の絵に合わせて，This または That で始まる文をつくりなさい。

①   ②   ③

① _____

② _____

③ _____

009 次の文には誤りがあります。正しい文に書きなおしなさい。

① This is car. _____

② This's a pen. _____

③ That's is a chair. _____

難 ④ This is a Ken. _____

010 必要な語を選んで並べかえ，英文を完成しなさい。全部の語を使う必要はありません。

① これは電話です。

This / That / a / phone / TV / is / (.)

_____

② あれはヒロコです。

This / That's / a / hiroko / Hiroko / is / (.)

_____

解答の方針

008 ③本は book [búk]。

009 that と is は1語にまとめることができるが，this と is はまとめられない。

    ① car [kάːr] 車 ② pen [pén] ペン ③ chair [tʃéər] いす

010 人の名前の前には a はつけない。 ①phone [fóun] 電話(機) TV [tíːvíː] テレビ

3 This [That] is not ～.

011 > [This [That] is not ～.]

次の文の適当な所に not を入れて，否定文(「～ではない。」という意味を表す文)をつくりなさい。

① This is a camera. ＿＿＿＿＿＿＿＿＿＿＿＿＿＿＿

② This is a computer. ＿＿＿＿＿＿＿＿＿＿＿＿＿＿＿

③ That is a piano. ＿＿＿＿＿＿＿＿＿＿＿＿＿＿＿

④ That's a hospital. ＿＿＿＿＿＿＿＿＿＿＿＿＿＿＿

> **ガイド** 「これ[あれ]は～ではない。」という意味の文(否定文)をつくるには，is のうしろに not [nát] をつける。否定文ではない文は「肯定(こうてい)文」と言う。
> This is not ～.「これは～ではない。」 ※ this is には短縮形はない。
> That is[That's] not ～.「あれは～ではない。」

> **語句** ① camera [kǽmərə] カメラ ② computer [kəmpjúːtər] コンピューター
> ③ piano [piǽnou] ピアノ ④ hospital [hάːspitl] 病院

重要 012 > [This [That] isn't ～.]

( )内に適当な語を入れて，英文を完成しなさい。

① これは魚ではありません。

This (   ) a fish.

② これはくだものではありません。(それは)野菜です。

This (   ) a fruit. (   ) is a vegetable.

③ あれは図書館ではありません。

That's (   ) a library.

④ あれは教会ではありません。(それは)ホテルです。

That (   ) a church. (   ) a hotel.

> **ガイド** (1) is not の短縮形は isn't。「あれは～ではない。」は That's not ～. または That isn't ～.。
> (2) 否定文のあとに「それは～です。」と説明する文を続けるときは，It is ～. とする(it ＝それ)。
> it is の短縮形は it's。this is には短縮形はない。

> **語句** ① fish [fíʃ] 魚 ② fruit [frúːt] くだもの vegetable [védʒətəbl] 野菜 ③ library [láibreri] 図書館
> ④ church [tʃə́ːrtʃ] 教会 hotel [houtél] ホテル

最 高 水 準 問 題 ———————————————————————————————— 解答 別冊 p.3

013 次の絵を見て，例にならって 2 つの文をつくりなさい。最初の文は This または That で始めなさい。

(例)   ①   ②

×dog ○ cat   ×hotel ○ hospital   ×boy ○ girl

(例) This isn't a dog.　It's a cat.

① _____

② _____

014 次の文を日本語になおしなさい。

① That is not a pen.　It is a pencil.

_____

② This is a computer.　It isn't a television.

_____

015 下の語に 1 語を加えて並べかえ，英文を完成しなさい。

難 ① これは腕時計ではありません。置き時計です。

clock / watch / it's / is / this / a / a / (.) / (.)

_____

② あれはポスターです。地図ではありません。

a / a / poster / map / that's / it / (.) / (.)

_____

解答の方針

013 （例）dog [dɔ́(ː)g] 犬　② boy [bɔ́i] 男の子　girl [gə́ːrl] 女の子
014 ① pencil [pénsl] えんぴつ　② television [téləviʒən] テレビ
015 短縮形は 1 語と考える。① clock [klák] (置き)時計　watch [wátʃ] (腕)時計　② poster [póustər] ポスター　map [mǽp] 地図

4 Is this [that] 〜?

（解答）別冊 p.3

標 準 問 題

重要 016 [Is this [that] 〜?]

次の文を疑問文（「〜ですか。」とたずねる文）にかえなさい。

① This is a flower.　　_____

② This is a TV.　　_____

③ That is a park.　　_____

④ That's a restaurant.　　_____

> ガイド 「〜ですか。」とたずねる文をつくるには，is を this [that] の前に出す。
> Is this a 〜? 「これは〜ですか。」
> Is that a 〜? 「あれは〜ですか。」

語句 ① flower [fláuər] 花　③ park [pάːrk] 公園　④ restaurant [réstərənt] レストラン

017 [Is this [that] 〜?への答え方]

次の絵を見て，例にならって下の問いに対する答えの文をつくりなさい。

（例）　　　　　①　　　　　②　　　　　③

dog　　　　　phone　　　　　melon　　　　　guitar

（例）Is this a dog? — Yes, it is.　It's a dog.

　　　Is this a cat? — No, it isn't.　It's a dog.

① Is this a phone?　　_____

② Is that a lemon?　　_____

③ Is this a violin?　　_____

> ガイド Is this [that] 〜?という質問には，次のどちらかで答える。
> Yes, it is.（はい，そうです。）/ No, it isn't [it's not].（いいえ，ちがいます。）
> さらにくわしく答えるには，It's [It is] a 〜.（それは〜です。）とつけ加える。

語句 ② melon [mélən] メロン　lemon [lémən] レモン　③ guitar [gitάːr] ギター　violin [vaiəlín] バイオリン

最 高 水 準 問 題 —————————————————— 解答 別冊 p.3

018 次の絵を見て，例にならって（　　）内に適当な語を入れなさい。

（例）　　　　　　　　　　　① 　　　　②

（例）Is (　this　) a dog? — No, it isn't. It's a (　cat　).

① Is (　　　　) a bus?

　— Yes, (　　　　) (　　　　). (　　　　) a bus.

② Is (　　　　) a glass?

　— No, (　　　　) (　　　　). (　　　　) a cup.

019 ①②のそれぞれについて，どれか 1 つの文に誤りがあります。その文を正しい文に書きなおしなさい。

① Is this a restaurant? — Yes, this is.　It is a restaurant.

_____

② Is that a rabbit? — No, it isn't.　That is a cat.

_____

020 次の文を英語になおしなさい。

難 ① これはドイツ (Germany) ですか。—はい，そうです。

_____ — _____

② あれは風船 (balloon) ですか。—いいえ，ちがいます。ぼうし (hat) です。

_____ — _____

解答の方針

018 手前にあるものは this，遠くにあるものは that で表す。

　　① bus [bʌ́s] バス　② glass [glǽs] グラス，コップ

019 this や that を使った問いには it で答える。　② rabbit [rǽbət] ウサギ

020 ① Germany [dʒə́ːrməni]　② balloon [bəlúːn]　hat [hǽt]

5 a [an] / 形容詞 / my, your

重要 021 〉 [a [an] ＋名詞]

例にならって，「これは〜です。」という文をつくりなさい。

(例)　　　　　　　①　　　　　　　②　　　　　　　③

bike　　　　　dictionary　　　　apple　　　　　　egg

This is a bike.

① _____

② _____

③ _____

ガイド (1) 英語の音は，**母音**(アイウエオと同じ仲間の音)と**子音**(それ以外の音)とに分かれる。

　　(2) 母音で始まる単語の前では，a は an にかわる。

　　(3) an と次の単語の最初の母音は続けて読む。たとえば an egg は「アン・エッグ」ではなく「ア
　　　　ネッグ」と聞こえる。

語句 (例) bike [báik] 自転車　① dictionary [díkʃəneri] 辞書　② apple [ǽpl] リンゴ　③ egg [ég] 卵

022 〉 [a ＋形容詞＋名詞]

次の日本語訳を完成しなさい。

① This is a big house.

　　これは_____。

② That's a small shop.

　　あれは_____。

③ This isn't a new computer.

　　これは_____。

ガイド (1) big や new のように，**人や物の性質や状態を表す語**を「形容詞」と言う。

　　(2) 形容詞は，a と名詞の間に置く。

語句 ① big [bíg] 大きい　house [háus] 家　② small [smɔ́ːl] 小さい　shop [ʃáp] 店

　　③ new [n(j)úː] 新しい

023 〉[an ＋形容詞＋名詞]

(　　)内に適当な語を入れて，英文を完成しなさい。下の〔　　〕内の語を使ってかまいません。

① That is (　　　　) (　　　　) (　　　　　). （あれは古い家です。）

② This is (　　　　) (　　　　) (　　　　　). （これは赤いリンゴです。）

③ That's (　　　　) (　　　　) (　　　　　). （あれはアメリカ製の車です。）

〔 American / apple / car / house / old / red 〕

> **ガイド** a のうしろの語が母音で始まるときは，a → an になる。
> an apple（１つのリンゴ）→ a big apple（１つの大きなリンゴ）
> a car（１台の車）→ an old car（１台の古い車）

語句 American [əmérikən] アメリカの　old [óuld] 古い　red [réd] 赤い

重要 024 〉[my, your, too]

(　　)内に適当な語を入れて，英文を完成しなさい。

① This is (　　　　) dog. （これは私の犬です。）

② Is that (　　　　) school? （あれはあなたの学校ですか。）

③ This is my bag.　That's my bag, (　　　　).

（これは私のかばんです。あれも私のかばんです。）

> **ガイド** (1)「私の」は my [mái]，「あなたの」は your [júər]。
> (2) 名詞の前に my や your があるときは，a[an] はつけない。
> (3) too [túː] は「～もまた」の意味。文の最後に置く。前にコンマ(,)をつけることが多い。

語句 ③ bag [bǽg] かばん

025 〉[名詞＋'s]

[　　]内の語を正しい形に変えて(　　)内に入れ，英文を完成しなさい。

① This is (　　　　) pen. [Ken] （これはケンのペンです。）

② That is (　　　　) umbrella. [Keiko] （あれはケイコのかさです。）

③ This isn't my (　　　　) bike. [mother]

（これは私の母の自転車ではありません。）

④ Is that your (　　　　) car? [father]

（あれはあなたのお父さんの車ですか。）

> **ガイド**「～の」という所有の意味を表すには，名詞のうしろに「's」（アポストロフィー・エス）をつける。「's」の発音は，[s] ス，[z] ズ，[iz] イズの３通り。

語句 ② umbrella [ʌmbrélə] かさ　③ mother [mʌ́ðər] 母　④ father [fɑ́ːðər] 父

最 高 水 準 問 題 ——————————————————————— 解答 別冊 p.4

026 空所に必要に応じて a または an を入れなさい。何も入れなくてよいときは×を書きなさい。

① That is (　　　　　) tall boy.

② Is that (　　　　　) your school?

③ That's (　　　　　) old building.

④ This is (　　　　　) Australia.

⑤ This is not (　　　　) piano. It's (　　　　) organ.

027 (　　)内に適当な1語を入れて，英文を完成しなさい。

① これは私のえんぴつではありません。

　This (　　　　) (　　　　) pencil.

② あれはゾウですか。

　(　　　　) (　　　　) (　　　　) elephant?

③ これは私の新しい自転車です。

　This is (　　　　) (　　　　) (　　　　).

④ これはあなたのかぎです。あれもあなたのかぎです。

　This is your key. (　　　　) (　　　　) key, (　　　　).

028 次の英文には誤りがあります。正しい文に書きなおしなさい。

① This is a my cousin. （こちらは私のいとこです。）

_____

② That's my sister bag. （あれは私の姉[妹]のかばんです。）

_____

⚠ ③ This is a e-mail from my Tom. （これはトムからの電子メールです。）

_____

解答の方針

026 「〜の」という所有の意味を表す語(my など)の前や，人名・地名の前には a [an] はつけない。
　　① tall [tɔ́ːl] 背が高い　③ building [bíldiŋ] ビル，建物　④ Australia [ɔ(ː)stréiljə] オーストラリア
　　⑤ organ [ɔ́ːrgn] オルガン
027 ② elephant [éləfənt] ゾウ　④ key [kíː] かぎ
028 ① cousin [kʌ́zn] いとこ　② sister [sístər] 姉[妹]

029 ( ) 内の指示に従って，全文を書きかえなさい。

① That's my brother. (big をどこかに加えて)

_____

② This is an album. (new をどこかに加えて)

_____

③ This is a doll. (下線部を「ミキ(Miki)の人形」にかえて)

_____

030 下の語に 1 語を加えて並べかえ，英文を完成しなさい。

① あれはあなたの友だちの自転車ですか。

bike / that / friend's / is / (?)

_____

② これは私の妹のおもちゃです。

sister's / this / toy / my / little / (.)

_____

031 次の文を英語になおしなさい。

① あれはあなたの腕時計ですか。—はい，そうです。

_____

② これは古い教科書(textbook)ですか。—いいえ，ちがいます。

_____

③ あちらは私の先生(teacher)ではありません。

_____

④ これはトム(Tom)のかさではありません。

_____

⑤ あれはあなたのお父さんの会社(office)ですか。

_____

解答の方針

029 ① brother [brʌ́ðər] 兄[弟]　② album [ǽlbəm] アルバム　③ doll [dάl] 人形
030 ① friend [frénd] 友だち　② toy [tɔ́i] おもちゃ
031 ② textbook [tékstbuk]　③ teacher [tíːtʃər]　⑤ office [άfəs]

6 What is this [that]?

重要 032 〉[What is this [that]? と答え方]

次の絵を見て，例にならって問いと答えの文をつくりなさい。

(例)	①	②	③
car	pencil	bus	umbrella

(例) What is this? — It's a car.

① _____

② _____

③ _____

ガイド (1) what は「何」という意味。次のように使う。

　　　What is this?「これは何ですか。」/ What is that?「あれは何ですか。」

　　(2) 上の問いには，It's a [an] ～. (それは～です。)と答える。

---

033 〉[What's this [that]?]

( )内に適当な1語を入れて，英文を完成しなさい。

① (　　　　) this? — (　　　　) a textbook.

　　(これは何ですか。―教科書です。)

② (　　　　) that? — (　　　　) (　　　　) album.

　　(あれは何ですか。―アルバムです。)

③ (　　　) (　　　　)? — (　　　　) (　　　　) notebook.

　　(これは何ですか。―私のノートです。)

ガイド What is の短縮形は What's。

語句 ③ notebook [nóutbuk] ノート

最 高 水 準 問 題 ━━━━━━━━━━━━━━━━━━━ 解答 別冊 p.5

034 まとまった対話になるように，(　　)内に入る適当な文を右のア～オから１つずつ選んで，記号を入れなさい。

A: ① (　　　)　　　ア No, it isn't.

　　② (　　　)　　　イ It's a plane.

B: ③ (　　　)　　　ウ What's that?

A: ④ (　　　)　　　エ What is it, then?

B: ⑤ (　　　)　　　オ Is it a bird?

035 空所に適当な語を入れて，英文を完成しなさい。

① Is this a newspaper? ― (　　　　　), (　　　　　) is.

② What is this? ― (　　　　) a radio.

③ This is your room. (　　　　) that your room, too?

　　― (　　　　), it (　　　　). It's (　　　　) sister's room.

036 次の文を英語になおしなさい。

① これは何ですか。―オレンジ(orange)です。

_____

② あれは何ですか。―母のぼうし(hat)です。

_____

③ これはくだものですか。―いいえ，ちがいます。

_____

難 **037** 次のような場合に使う文を，できるだけ短い英語で書きなさい。

① 目の前にいる生き物が魚かどうかを相手にたずねるとき。

_____

② 目の前にいる生き物が何かを相手にたずねるとき。

_____

解答の方針

034 plane [pléin] 飛行機　then [ðén] それでは

035 ① newspaper [n(j)úːzpeipər] 新聞　② radio [réidiou] ラジオ　③ room [rúːm] 部屋

036 ① orange [ɔ́(ː)rindʒ]

⏱ 時間 50 分　得点

🏁 目標 70 点　／100

1 相手に①〜⑥のように言われたときの返事として適当なものを右のア〜カから1つずつ選び、空所に記号を入れなさい。 (各2点, 計12点)

① Thank you. 　　　　　　(　)　　ア No problem.

② I'm sorry. 　　　　　　(　)　　イ You, too.

③ Nice to meet you. 　　(　)　　ウ You are welcome.

④ How are you? 　　　　(　)　　エ See you. Bye.

⑤ Have a nice vacation. (　)　　オ I'm fine, thank you.

⑥ See you later. 　　　　(　)　　カ Nice to meet you, too.

2 次の文に「'」「,」「.」「?」の記号をつけて、文を完成しなさい。 (各2点, 計8点)

① Thats a TV It isnt a computer

_____

② Is this an apple — Yes it is

_____

③ This isnt my bike Its Keikos bike

_____

④ This is a bike Thats a bike too

_____

3 (　)内に必要に応じて a または an を入れなさい。何も入れなくてよいときは×を書きなさい。 (各1点, 計4点)

① This is (　　) Mr. Nakano.

② That is (　　) new hotel.

③ This is (　　) old television.

④ It is (　　) my father's car.

4 次の文の最後を上げ調子で読むときは↗を、下げ調子で読むときは↘を(　)内に書きなさい。 (各1点, 計4点)

① Is this your notebook? (　) — No, it isn't. (　)

② What's this? (　) — It's my radio. (　)

5 （　）内に入る適当な文を下から1つ選び，記号を○でかこみなさい。　　　　（各2点，計8点）

① A: Is this your bag? — B: (　　　　). It's my sister's bag.

　ア Yes, it is.　　　イ No, it isn't.　　　ウ Yes, this is.　　　エ No, this isn't.

② A: What's this? — B: (　　　)

　ア Yes, it is.　　　イ No, it isn't.　　　ウ It's a cat.　　　エ It isn't a cat.

③ A: Thank you very much. — B: (　　　　)

　ア Thank you.　　イ Excuse me.　　　ウ I'm sorry.　　　エ You are welcome.

④ [At a restaurant]

　A: (　　　　) Can I have some water?

　B: Sure. Just a minute, please.　　　　　　　　　　　　　　　　　　　（福島県）

　ア I'm sorry.　　　イ No, thank you.　　ウ Excuse me.　　エ You're welcome.

6 次の英文には誤りがあります（誤りは1つとは限りません）。正しい文に書きなおしなさい。　　　　（各2点，計8点）

① What's that? — That's a restaurant.

_____

② Is this a your camera? — Yes, it is.

_____

③ That isn't airplane. It is bird.

_____

④ Is that a Mt. Fuji? — No, it is.

_____

7 次の文を日本語になおしなさい。　　　　（各4点，計12点）

① This isn't my cap. It's my brother's cap.

_____

② This is a fruit. That's a fruit, too.

_____

③ Tom, this is my friend, Kumi.

_____

8 ( )内に適当な語を入れて，英文を完成しなさい。 (各2点, 計8点)

① これが私の部屋です。

( ) ( ) ( ) room.

② あれはあなたの教科書ではありません。

That ( ) ( ) textbook.

③ これは何ですか。―私のペットです。

( ) ( )? ― ( ) ( ) pet.

④ あれはユーフォーですか。―いいえ。

Is that ( ) UFO? ― No, ( ) ( ).

9 ( )内の指示に従って書きかえなさい。 (各2点, 計8点)

① That's Mr. Smith. (否定文に)

_____

② This is an apple. (下線部を「大きなリンゴ」に)

_____

③ Is this a computer? (下線部を「古いコンピューター」に)

_____

④ Is that a camera? (下線部を「あなたのカメラ」に)

_____

10 次の文を英語になおしなさい。 (各3点, 計12点)

① これは私の友だちの自転車です。

_____

② あれはあなたのかばんではありません。私のかばんです。

_____

③ これは古い車ではありません。

_____

④ あれはあなたの新しい家ですか。

_____

11 次の会話を読んで，下の問いに答えなさい。　　　　　　(各2点，計16点)

Hiromi: (1)これが私の部屋よ。

Andy: Oh, (2)it's a beautiful room. Is this your album?

Hiromi: No, (3)(　　　) (　　　). (4)It's _____.

Andy: (5)これは何なの？

Hiromi: It's a textbook.

Andy: Is it your sister's textbook, too?

Hiromi: No. It's my textbook.

Andy: (6)これは君の英語の辞書かい？

Hiromi: Yes, it is.

Rie: Hello.

Hiromi: Andy, (7)(　　　) is my sister, Rie.

Andy: Hello, Rie. (8)(　　　) to meet you.

Rie: (8)(　　　) to meet you, too, Andy.

① 下線部(1)を英語になおしなさい。

_____

② 下線部(2)を日本語になおしなさい。

_____

③ (3)の空所に入る適当な2語を書きなさい。(　　　　　) (　　　　　)

④ 下線部(4)が「妹のアルバムよ」という意味になるように，英文を完成しなさい。

　　It's _____.

⑤ 下線部(5)を英語になおしなさい。

_____

⑥ 下線部(6)の意味になるように，次の語を並べかえて英文をつくりなさい。ただし不要な語が1つあります。

this / your / English / is / a / dictionary / (?)

_____

⑦ (7)の空所に入る適当な1語を書きなさい。(　　　　　)

⑧ 2つの(8)の空所に共通して入る適当な1語を書きなさい。(　　　　　)

7 He [She, It] is ~.

（解答）別冊 p.7

標 準 問 題

重要 038 **[He [She, It] is ~.]**

下線部を he，she，it のどれかに置きかえて，全文を書きなさい。

① Taro is my friend. _____

② My sister is a nurse. _____

③ Ms. Ikeda is my teacher. _____

④ Shiro is a small dog. _____

> **ガイド** いったん話題になった人や物は，2回目からは次の語で言いかえる。
>
> he（彼は）= 1人の男性　　　He is ~.「彼は~です。」
>
> she（彼女は）= 1人の女性　　She is ~.「彼女は~です。」
>
> it（それは）= 1つの物や動物　It is [It's] ~.「それは~です。」

語句 ② nurse [nə́ːrs] 看護師　③ teacher [tíːtʃər] 先生，教師

重要 039 **[名詞＋ is ~.]**

次の語を並べかえて，英文を完成しなさい。

① 私の父は医者です。

a / my / is / doctor / father / (.)

_____

② 山田先生は英語の先生です。

teacher / is / Ms. / English / Yamada / an / (.)

_____

③ ヒロシさんの弟はぼくのクラスメートです。

brother / classmate / my / is / Hiroshi's / (.)

_____

④ 中国は広い国です。

large / a / China / country / is / (.)

_____

> **ガイド** 〈A is B.〉で「AはBです。」の意味を表す。（A = 1人の人・1つの物）

語句 ① doctor [dάktər] 医者　② English [íŋgliʃ] 英語の　③ classmate [klǽsmeit] クラスメート
④ large [lάːrdʒ] 広い，大きい　China [tʃáinə] 中国　country [kʌ́ntri] 国

040 〉[He [She, It] is not ～.]

例にならって次の文を否定文にかえ，完成した文を日本語になおしなさい。

（例）Ken is my classmate. → Ken isn't my classmate.

① He is Tom's father.

（英文）_____

（訳）_____

② My father is a doctor.

（英文）_____

（訳）_____

③ This is a good book.

（英文）_____

（訳）_____

> **ガイド** 否定文は，is のうしろに not をつけてつくる。短縮形の isn't を使うことが多い。
>
> He is not [isn't] ～.「彼は～ではありません。」

語句 ③ good [gúd] よい

041 〉[Is he [she, it] ～？と答え方]

例にならって（　　）内に適当な1語を入れ，英文を完成しなさい。

（例）Ken is Japanese.（ケンは日本人です。）

→ Is Ken Japanese?（ケンは日本人ですか。）

— Yes, he is.（はい，そうです。）/ No, he isn't.（いいえ，ちがいます。）

① (　　　　　) Mary a new student? — Yes, (　　　　) is.

（メアリーは新しい生徒ですか。—はい，そうです。）

② (　　　　　) Shiro your dog? — Yes, (　　　　) (　　　　　).

（シロはあなたの犬ですか。—はい，そうです。）

③ (　　　　) (　　　　) an engineer? — No, (　　　) (　　　).

（彼は技師ですか。—いいえ，ちがいます。）

> **ガイド** 疑問文は，is を前に出してつくる。答えるときは he, she, it を使う。
>
> Ken is Japanese.
>
> Is Ken Japanese? — Yes, he is. ※ Yes, he is (Japanese). を省略した形。
>
> 男性→「彼は」

語句 （例）Japanese [dʒæpəníːz] 日本人（の）　③ engineer [endʒəníər] 技師

最 高 水 準 問 題 ——————————————————————— 解答 別冊 p.7

042 （　　　）内に適当な1語を入れ，英文を完成しなさい。

① ジムは歌手ではありません。ダンサーです。

　　Jim （　　　　　） a singer. （　　　　　） is a dancer.

② メアリーは看護師ですか。—はい，そうです。

　　（　　　　　） Mary a nurse? — Yes, （　　　　　） （　　　　　）.

③ タケオくんはあなたの弟ですか。—いいえ，ちがいます。

　　（　　　　　） Takeo your brother? — No, （　　　　） （　　　　）.

④ これはあなたの犬ですか。—はい，そうです。

　　（　　　　） （　　　　　） your dog? — Yes, （　　　　） （　　　　　）.

043 （　　　）内の指示に従って書きかえなさい。

① My uncle is a pilot.（否定文に）

_____

② She is a pianist.（疑問文に）

_____

③ Akira's father is a doctor.（疑問文に）

_____

044 次の語を並べかえて，英文を完成しなさい。ただし，不要な語が1つあります。

① ジェイムズ先生は英語の先生です。

is / a / an / teacher / Mr. / English / James / (.)

_____

難 ② あなたのお姉さんは高校生ですか。

high / sister / you / a / your / student / is / school / (?)

_____

解答の方針

042 ① singer [síŋər] 歌手，歌う人　dancer [dǽnsər] ダンサー，踊る人

043 ① uncle [ʌ́ŋkl] おじ　pilot [páilət] パイロット　② pianist [piǽnəst] ピアニスト，ピアノをひく人

044 ② high [hái] school 高校

045 （　　）内に入る適当な文を下から１つ選び，記号を○でかこみなさい。

① Is your aunt a writer? ─ （　　） She is a famous writer.

　ア Yes, he is.　　　イ No, he isn't.

　ウ Yes, she is.　　　エ No, she isn't.

② Is this your handbag? ─ （　　） It's my mother's handbag.

　ア Yes, this is.　　　イ Yes, it is.

　ウ No, this isn't.　　　エ No, it isn't.

046 次の英文には誤りがあります。正しい文に書きなおしなさい。

① This is not a my house.　That's my friend house.

_____

② Tom's sister is a flight attendant? ─ Yes, he is.

_____

047 次の文を英語になおしなさい。

① 彼はあなたのおじさんですか。―はい，そうです。

_____

② 私のおばは背の高い女性（woman）ではありません。

_____

③ あなたのお父さんは彼のお父さんの友だちですか。

_____

④ アメリカは小さな（small）国ではありません。

_____

難 **048** （　　）内の語を使って，次の文を英語になおしなさい。

① 彼女は歌うのがじょうずです。（singer）

_____

② あなたのお姉さんはピアノをひくのがじょうずですか。（pianist）

_____

解答の方針

045 ① aunt [ǽnt] おば　famous [féiməs] 有名な　② handbag [hǽndbæg] ハンドバッグ

046 ② flight [fláit] attendant [əténdənt]（飛行機の）客室乗務員

047 ② woman [wúmən]

8 I am ~. / You are ~.

標準問題 ──────────────────────── (解答) 別冊 p.8

重要 049 [I am ~. You are ~.]

( )内に適当な語を入れ，英文を完成しなさい。

① I ( ) Japanese.（私は日本人です。）

② You ( ) Japanese, too.（あなたも日本人です。）

③ ( ) a junior high school student.（私は中学生です。）

④ ( ) a junior high school student, too.（あなたも中学生です。）

> ガイド I am ~. = I'm ~.「私は~です。」※ I は常に大文字で書く。
> You are ~. = You're ~.「あなたは~です。」

> 語句 ① I [ái] am [ǽm] 私は~です ② you [júː] are [áːr] あなたは~です ③ I'm [áim] I am の短縮形 junior [dʒúːnjər] high school 中学校

050 [am, are, is]

( )内に am, are, is のどれかを入れなさい。

① I ( ) American.（私はアメリカ人です。）

② My name ( ) Judy.（私の名前はジュディです。）

③ You ( ) my friend.（あなたは私の友だちです。）

④ John ( ) a high school student.（ジョンは高校生です。）

⑤ This ( ) my father's car.（これは父の車です。）

⑥ Your mother ( ) a nurse.（あなたのお母さんは看護師です。）

> ガイド (1)「私」を1人称，「あなた」を2人称，それ以外の人や物を3人称と言う。
>
> (2) 文の中で「~は[が]」という意味を表す語を「主語」と言う。
>
> (3) am, are, is は「~です」という意味を表す。これらをまとめて「be(ビー)動詞」と言う。be 動詞の形は，主語の人称によって次のように変わる。
>
> | 主語の人称 | be 動詞の形 |
> |---|---|
> | 1人称(I) | am |
> | 2人称(you) | are |
> | 3人称(he, she, it) | is |
>
> ※1つのものや1人について「AはBです。」という意味を表す基本的な形は〈A is B.〉。主語が I・you のときは，例外的に is ではない形を使うと考えてよい。

> 語句 ① American アメリカ人(の) ② name [néim] 名前

051 〉[I am not 〜. You are not 〜.]

(A)次の文に not を加えて,「〜ではない」という意味の文をつくりなさい。(B)次に,その文を短縮形を使って言いかえなさい。

① I am Chinese. (私は中国人です。)

    (A) _____

    (B) _____

② You are a good boy. (あなたはよい(男の)子です。)

    (A) _____

    (B) _____

> **ガイド** I am not 〜. = I'm not 〜.「私は〜ではない。」※ am not の短縮形はない。
> You are not 〜. = You aren't [You're not] 〜.「あなたは〜ではない。」

語句 ① Chinese [tʃainíːz] 中国人(の)

052 〉[Am I 〜?　Are you 〜?]

(　　)内に適当な語を入れ,英文を完成しなさい。

① 私はよい(女の)子ですか。—はい,そうです。

    (　　　　) (　　　　　　) a good girl? — Yes, (　　　　　) (　　　　　　).

② あなたはアメリカ人ですか。—いいえ,ちがいます。

    (　　　　) (　　　　　　) American? — No, (　　　　) (　　　　　).

> **ガイド** Am I 〜?「私は〜ですか。」— Yes, you are.「はい。」/ No, you aren't [You're not].「いいえ。」Are you 〜?「あなたは〜ですか。」— Yes, I am.「はい。」/ No, I'm not.「いいえ。」
> ※たとえば②の答えは,No, I'm not (American).「いいえ,私はアメリカ人ではありません。」の(　　)内を省略した形。

重要 053 〉[「〜の」]

(　　)内に適当な1語を入れ,英文を完成しなさい。

① Kenji is (　　　　　) brother. (ケンジは私の兄[弟]です。)

② That's (　　　　　) bag. (あれはあなたのかばんです。)

③ Rena is (　　　　　) sister. (レナは彼の姉[妹]です。)

④ This is (　　　　　) hat. (これは彼女のぼうしです。)

> **ガイド** (1) I, you, he, she, it など, 名詞の代わりに使われる語を「代名詞」と言う。
> (2)「〜は[が]」の意味を表す形を「主格」,「〜の」の意味を表す形を「所有格」と言う。
>
> | 主格 | I 私は | you あなたは | he 彼は | she 彼女は | it それは |
> |---|---|---|---|---|---|
> | 所有格 | my 私の | your あなたの | his 彼の | her 彼女の | its それの |

最 高 水 準 問 題 ——————————————————————————— 解答 別冊 p.9

054 短縮形を使って，全文を書きかえなさい。

① I am a soccer player.

_____

② You are not his friend.

_____

055 （　　）内に適当な語を入れて，対話を完成しなさい。

① A: (　　　　　　) you a musician?

　 B: Yes, (　　　　) (　　　　　).

② A: (　　　　　) your uncle an artist?

　 B: No, (　　　　) (　　　　　).

③ A: (　　　　) Mary American?

　 B: No. (　　　　) (　　　　　) Canadian.

④ A: (　　　　) (　　　　　) your good friend?

　 B: Yes, you are.

⑤ A: Is that boy your brother?

　 B: Yes, (　　　　) (　　　　). (　　　　　) name is Kazuo.

⑥ A: Is Naoko your friend?

　 B: Yes, (　　　　) (　　　　). (　　　　　) sister is my friend, too.

056 2つの文がほぼ同じ内容を表すように，（　　）内に適当な語を入れなさい。

① She is my friend.

　 I am (　　　　) friend.

② I'm Ken's brother.

　 Ken (　　　　) (　　　　) brother.

③ Tom is my son.

　 I (　　　　) (　　　　) mother.

（大阪・関西大倉高）

解答の方針

054 ① soccer [sákər] サッカー　player [pléiər] 選手

055 ① musician [mju:zíʃən] 音楽家　② artist [áːrtist] 芸術家，画家

　　 ③ Canadian [kənéidiən] カナダ人

056 ③ son [sʌ́n] 息子

057 （　）内に適当な1語を入れて，対話を完成しなさい。

Hiromi: Nice to meet you, Kevin. My name ①（　　　　） Hiromi.

Kevin:　Hi, Hiromi.　Nice to meet you, too.

Hiromi: ②（　　　　） you from the U.S.?

Kevin:　No, ③（　　　　）（　　　　）.　（　　　　） from Canada.

Hiromi: I see.　④（　　　　） Canada a large country?

Kevin:　Yes, ⑤（　　　　）（　　　　）.

058 （　）内に適当な1語を入れ，英文を完成しなさい。

① あなたのお姉さんは歌手ですか。—いいえ。

　（　　　　）（　　　　） sister a singer? — No, （　　　　）（　　　　）.

② あれは彼の家です。屋根が青色です。

　That's （　　　　） house.　（　　　　） roof is blue.

③ 彼のおばさんは看護師です。その娘さんも看護師です。

　（　　　　） aunt is a nurse.　（　　　　） daughter is a nurse, too.

④ あれが私のおじです。名前はタケオです。

　That is my uncle.　（　　　　）（　　　　）（　　　　） Takeo.

059 次の文を英語になおしなさい。

① これは彼の車ですか。

_____

難 ② 彼女の友だちはアメリカ人ではありません。

_____

③ あなたは韓国（Korea）の出身ですか。

_____

④ これは彼女のネコです。名前はジェリー（Jerry）です。

_____

⑤ 私の父は彼のお父さんの友人です。

_____

解答の方針

057 from [frám] ～の出身　the U.S. [juːés] アメリカ合衆国　I see. わかりました。

058 ② roof [rúːf] 屋根　blue [blúː] 青い　③ daughter [dɔ́ːtər] 娘

059 ③ Korea [kəríːə]

9 Who is 〜？ / What is 〜？

060 〉[Who is 〜？と答え方]

（　　）内に適当な語を入れ，英文を完成しなさい。

① Who (　　　　　　) you? — (　　　　　　) Tom's brother.

（あなたはだれですか。—（私は）トムの兄[弟]です。）

② Who (　　　　　) she? — (　　　　) (　　　　　) Lisa, my friend.

（彼女はだれですか。—（彼女は）私の友だちのリサです。）

> **ガイド** (1) **Who + be 動詞＋主語？**「〜はだれですか。」
> ※名前や人間関係をたずねる言い方。be 動詞は主語に応じて am, are, is を使う。
> (2) I'm [I am] 〜.「私は〜です。」, He is 〜.（彼は〜です。）のように答える。
> Who is [Who's] he?（彼はだれですか。）— He is Tom.（（彼は）トムです。）

重要 061 〉[What is 〜？と答え方]

例にならって，下線部が答えとなる疑問文をつくりなさい。

（例）This is a <u>clock</u>.（これは時計です。）→ What is this?（これは何ですか。）

① That is a <u>church</u>.

_____

② This book is a <u>dictionary</u>.

_____

③ His name is <u>John</u>.

_____

④ My name is <u>Kaori</u>.

_____

> **ガイド** (1) **What + be 動詞＋主語？**「〜は何ですか。」
> ※主語が物のときは，It is 〜, They are 〜などで答える。主語が人（の名前や仕事）のときは，
> I am 〜, She is 〜などで答える。
> (2) **What + is ＋所有格＋ name?**「〜の名前は何ですか。」
> ※ My [His, Her] name is 〜.（私[彼，彼女]の名前は〜です。）のように答える。
> What is <u>your</u> name? — <u>My</u> name is Hiroshi.
> 所有格を置きかえる点に注意

最 高 水 準 問 題 ━━━━━━━━━━━━━━━━━━━━ 解答 別冊 p.10

062 次の絵を見て，下の問いに対する答えの文を書きなさい。

①

②

singer　Ayumi

golfer　Tiger

① (A) What is her name?　＿＿＿＿＿＿＿＿＿＿＿＿＿＿

　 (B) What is her job?　＿＿＿＿＿＿＿＿＿＿＿＿＿＿

② (A) Who is he?　＿＿＿＿＿＿＿＿＿＿＿＿＿＿

　 (B) What is his job?　＿＿＿＿＿＿＿＿＿＿＿＿＿＿

063 質問に対する答え方が正しいときは○，正しくないときは×を（　）内に書きなさい。

① Who is he? — He is Jack.　　　　　　（　）
② Who is she? — She is my sister.　　　（　）
③ Who is he? — He is a teacher.　　　　（　）
④ What is her name? — She is Nancy.　（　）
⑤ What is your sister? — She is Jill.　（　）
⑥ What's your brother's job? — He is a bus driver.　（　）

064 （　）内に適当な1語を入れ，英文を完成しなさい。

① 彼はだれですか。—(彼は)私のクラスメートです。

　（　　　）he? — （　　　　）my classmate.

難 ② 彼女の仕事は何ですか。—(彼女は)英語の先生です。

　（　　　）she? — （　　　）（　　　　）English teacher.

解答の方針

062 ② golfer [gálfər] ゴルファー，ゴルフをする人　job [dʒáb] 仕事
063 ⑥ driver [dráivər] 運転手，運転する人
064 短縮形：he is → he's　she is → she's　who is → who's

10 be 動詞＋形容詞

重要 065 [is [am, are] ＋形容詞]

（　　）内に必要に応じて a または an を入れなさい。何も入れなくてよいときは，×を書きなさい。

① This is （　　　　　） interesting story. （これはおもしろい話です。）

② This story is （　　　　） interesting. （この話はおもしろい。）

③ She is （　　　　） tall girl. （彼女は背の高い女の子です。）

④ That girl is （　　　　） tall. （あの女の子は背が高い。）

> ガイド
> (1) (A) **a [an]** ＋形容詞＋名詞「～な○○」　　a tall girl （背の高い女の子）
> 　　(B) 主語＋ **be 動詞**＋形容詞「～は…だ」　　She is tall. （彼女は背が高い。）
> 　　※形容詞には上の2つの使い方がある。a [an] は名詞の前につける語なので，(B) の形容詞の前に a [an] はつけない。
> (2) **this** ＋名詞「この○○」／ **that** ＋名詞「あの○○」

語句 ① interesting [íntərəstiŋ] おもしろい　story [stɔ́ːri] 話，物語

066 [is [am, are] ＋形容詞の否定文・疑問文]

例にならって，(A)否定文，(B)疑問文をつくりなさい。

（例） That tower is high. → (A) That tower isn't high.　(B) Is that tower high?

① The food is good. （その料理はおいしい。）

(A) _____

(B) _____

② You are busy. （あなたはいそがしい。）

(A) _____

(B) _____

> ガイド
> (1) 〈肯定文〉That tower is high. （あの塔は高い。）
> 　　〈否定文〉That tower isn't [is not] high. （あの塔は高くない。）
> 　　〈疑問文〉Is that tower high? （あの塔は高いですか。）
> 　　　　　　 — Yes, it is. （はい，高いです。） / No, it isn't. （いいえ，高くないです。）
> (2) the [ðə] は名詞の前に置き，「その～」という意味を表す。

語句 （例）tower [táuər] 塔　high [hái] 高い　① food [fúːd] 食べ物，料理　② busy [bízi] いそがしい

最 高 水 準 問 題 ──────────────────────── 解答 別冊 p.10

067 下の語を並べかえて，英文を完成しなさい。ただし，不要な語が1つ含まれています。

① 私の母の車は小さい。

car / mother's / is / a / small / my / (.)

_____

② ジムは背の高い選手です。

player / his / Jim / tall / is / a / (.)

_____

③ この市はあまり大きくありません。

city / very / this / is / a / not / large / (.)

_____

068 2つの文の意味がほぼ同じになるように，（　）内に適当な1語を入れなさい。

難 ① This church is old.

This (　　　　) (　　　　) (　　　　) church.

② That is a wide street.

(　　　　) street (　　　　) (　　　　).

069 （　）内の語を使って，英語になおしなさい。

① 私のおじの家はとても大きい。（big）

_____

② あなたのお母さんはいそがしいですか。（busy）

_____

難 ③ 彼女はダンスがとてもじょうずだ。（dancer）

_____

解答の方針

067 うしろに名詞があるときは a [an] が必要。形容詞だけなら a [an] はつけない。③ city [síti] 市［都市］
068 ② wide [wáid] 広い　street [stríːt] 通り

1 次の文を，①〜⑥の指示に従って書きかえなさい。　　　　（各2点，計12点）

　　　Jim is <u>my friend</u>.

① 下線部を「彼女の友だち」の意味に。

_____

② 下線部を「背の高い男の子」という意味に。

_____

③ Jim を You にかえて。

_____

④ 否定文に。

_____

⑤ 疑問文に。

_____

⑥ 下線部が答えとなる疑問文に。

_____

2 （　　）内に適当な1語を入れて，英文を完成しなさい。　　　　（各2点，計14点）

① 彼女の名前は何ですか。

（　　　　　）（　　　　　　）name?

② あなたはオーストラリア出身ですか。―いいえ。

（　　　　　）（　　　　　　）from Australia? — No, （　　　　　）（　　　　　）.

③ これは彼のノートですか。―はい。

（　　　　）（　　　　　）（　　　　　　）notebook? — Yes, （　　　　　）is.

④ 彼女のかばんは赤色ですか。―いいえ。

（　　　　）（　　　　　）bag red? — No, （　　　　）（　　　　）.

⑤ あの女性はだれですか。―私の姉です。

（　　　　　）（　　　　　）that woman? — （　　　　　　）is my sister.

⑥ あなたの仕事は何ですか。―技師です。

（　　　　）（　　　　　）your job? — （　　　　　）an engineer.

⑦ あなたはいそがしいけれど，私はいそがしくありません。

You （　　　　　）busy, but （　　　　　）（　　　　　）.

3 （　　）内の指示に従って，全文を書きかえなさい。　　　（各2点，計12点）

① Her favorite artist is *Arashi*. （疑問文に）　　　　　　　　　（大阪・羽衣学園高囲）

_____

② That boy is Aki's brother. （疑問文に）

_____

③ My name is <u>Akira Tanaka</u>. （下線部が答えとなる疑問文に）

_____

④ That building is old. （That is で文を始めて，ほぼ同じ意味の文に）

_____

⑤ This question isn't easy. （This is で文を始めて，ほぼ同じ意味の文に）

_____

⑥ His father is rich. （man を使って，ほぼ同じ意味の文に）

_____

4 相手に①〜⑦のように言われたときの返事として適当なものを右のア〜キから1つずつ選び，
（　　）内に記号を入れなさい。　　　　　　　　　　　　　　　（各1点，計7点）

① Are you Hide's classmate?　（　　）　　　ア Yes, he is.

② Is your father a doctor?　（　　）　　　イ He is a doctor.

③ Is your dog big?　（　　）　　　ウ No, I'm not.

④ Am I your good friend?　（　　）　　　エ Yes, you are.

⑤ Is Mary your friend?　（　　）　　　オ He is my father.

⑥ Who is that man?　（　　）　　　カ No, she isn't.

⑦ What is your father's job?　（　　）　　　キ Yes, it is.

5 他の3語と下線部の発音が異なるものを1つ選び，記号を○で囲みなさい。　（各1点，計5点）

① ア n<u>a</u>me　　イ t<u>a</u>ble　　ウ fri<u>e</u>nd　　エ tr<u>a</u>in

② ア s<u>i</u>ster　　イ s<u>i</u>nger　　ウ h<u>i</u>gh　　エ b<u>u</u>sy

③ ア s<u>o</u>ccer　　イ <u>o</u>ld　　ウ d<u>o</u>ctor　　エ c<u>o</u>llege

④ ア b<u>a</u>g　　イ c<u>u</u>p　　ウ s<u>o</u>n　　エ m<u>o</u>ther

⑤ ア y<u>ou</u>　　イ w<u>o</u>man　　ウ sch<u>oo</u>l　　エ aftern<u>oo</u>n

6 与えられた語に1語を加えて並べかえ，英文を完成しなさい。　(各2点, 計8点)

① 母は英語の先生です。

teacher / mother / is / my / English / (.)

_____

② あの生徒はカナダ出身ですか。

is / student / Canada / that / (?)

_____

③ あの大きなビルが父のオフィスです。

big / office / building / my / is / that / (.)

_____

④ あのハンサムな男の子はトムの弟ではありません。

Tom's / handsome / that / boy / is / brother / (.)

_____

7 次の文を日本語になおしなさい。　(各2点, 計6点)

① What is your new teacher's name?

_____

② My brother is not a high school student.

_____

③ Is that old building my hotel?

_____

8 次の文を英語になおしなさい。　(各4点, 計16点)

① あの背の高い女の人はだれですか。

_____

② これは私のネコです。名前はタマ(Tama)です。

_____

③ この犬の名前はシロ(Shiro)ですか。

_____

④ あなたは歌うのがじょうずですね。(good を使って)

_____

9 次の会話文の(　　)内に適当な語を入れなさい。　　　　　(各2点, 計20点)

Hiroki is a junior high school student. Sally is Hiroki's big brother's friend. She is a college student from Australia. This is Hiroki's house.

Sally:　Hello, Hiroki.　①(　　　　　　) that man in the *garden?

Hiroki:　②(　　　　　) (　　　　　) my father, Nobuo.

Sally:　*Oh, I see.

In the garden

Hiroki:　Hi, Father.　③(　　　　　) is my brother's friend, Sally.

Nobuo:　Hello, Sally.　How ④(　　　　) (　　　　)?

Sally:　Fine, thank you.　And you?

Nobuo:　⑤(　　　　　) fine, too.　Thank you. Are you from the U.S.?

Sally:　⑥(　　　　), (　　　　) (　　　　).　I'm from
　　　　⑦(　　　　).　You are a very good English speaker.

Nobuo:　Thank you.

Sally:　⑧(　　　　) (　　　　) (　　　　) English teacher?

Nobuo:　Yes, I am.　I'm a teacher at Hiroki's junior high school.

Sally:　*Really?　⑨(　　　　) Hiroki (　　　　) student?

Nobuo:　Yes, ⑩(　　　　) (　　　　).

　　(注) garden 庭　　Oh, I see. ああ, わかりました。　　Really? ほんとうですか。

11 I [You] play 〜.

重要 070 [I [You] play 〜.]

（　　）内に入る動詞を下の〔　　〕の中から選びなさい。

① I (　　　　　) soccer.（私はサッカーをします。）

② I (　　　　　) baseball.（私は野球が好きです。）

③ I (　　　　　) fish.（私は魚を食べます。）

④ You (　　　　　) English well.（あなたは英語をじょうずに話します。）

⑤ You (　　　　　) this story.（あなたはこの話を知っています。）

〔 eat / know / like / play / speak 〕

> ガイド (1)「〜する」などの意味を表すことばを「**動詞**」と言う。**be 動詞(am, are, is)**も動詞の一種。
> be 動詞以外の動詞を「**一般動詞**」と言う。
> (2)〈**主語＋(一般)動詞＋目的語**〉「〜を…する」 ※目的語＝「〜を」にあたることば
>
> | I | like | soccer. |
> |---|---|---|
> | 私は | 〜を好む | サッカー |
> | (主語) | (動詞) | (目的語) |

語句 ② baseball [béisbɔ:l] 野球 ④ well [wél] じょうずに eat [í:t] 〜を食べる know [nóu] 〜を知っ
ている like [láik] 〜を好む，好きである play [pléi] 〜をする，遊ぶ speak [spí:k] 〜を話す

071 [I [You] live in 〜.]

次の語を並べかえ，英文を完成しなさい。

① live / Yokohama / I / in / (.)（私は横浜に住んでいます。）

_____

② to / this / I / school / go / (.)（私はこの学校に通っています。）

_____

> ガイド (1) in(〜の中に)，to(〜へ)などの意味を表すことばを「**前置詞**」と言う。〈**前置詞＋名詞**〉がまとま
> った意味を表す。 （例）in my house(私の家の中に)
> (2) 動詞のうしろに「〜を」以外の意味の名詞を置くときは，前置詞が必要。
> I like Tokyo.（私は東京を好みます。） ※ Tokyo は目的語。
> I live in Tokyo.（私は東京に住んでいます。） ※ Tokyo は目的語ではない。

語句 ① live [lív] 住んでいる ② go [góu] 行く

最高水準問題
解答 別冊 p.12

072 ( )内に入る動詞を，右から1つずつ選びなさい。

① I ( ) video games.

② I ( ) TV.

③ I sometimes ( ) lunch.

④ I ( ) English hard.

⑤ I ( ) that museum.

⑥ You ( ) a good dictionary.

make
play
study
use
visit
watch

073 ( )内に必要に応じて in または to を入れなさい。何も入れなくてよいときは×を書きなさい。

① I drink ( ) coffee.

② I live ( ) Chiba.

③ I want ( ) a new bag.

④ You sing ( ) well.

⑤ I swim ( ) this river.

⑥ You have ( ) a good bike.

⑦ I sometimes run ( ) school.

074 次の文を英語になおしなさい。

① 私はこのコンピューターを使います。

_____

難 ② あなたは新しい自転車を持っています。

_____

③ 私はこの公園で遊びます。

_____

解答の方針

072 ① video [vídiou] game テレビゲーム　③ sometimes [sʌ́mtaimz] ときどき　lunch [lʌ́ntʃ] 昼食
　　④ hard [há:rd] 熱心に　⑤ museum [mjuːzíəm] 博物館，美術館　make [méik] ~をつくる
　　study [stʌ́di] (~を)勉強する　use [júːz] ~を使う　visit [vízət] ~を訪ねる　watch [wátʃ] ~を(じっと)見る

073 ① drink [dríŋk] ~を飲む　coffee [kɔ́(ː)fi] コーヒー　③ want [wɑ́nt] ~をほしい(と思う)
　　④ sing [síŋ] 歌う　⑤ swim [swím] 泳ぐ　river [rívər] 川　⑦ run [rʌ́n] 走る

12 I [You] don't play ～.

重要 075 〉[I [You] do not play ～.]

(A)例にならって「～を…する。」という意味の文をつくり，(B)その文を否定文にしなさい。

(例)

| play | study | watch | play |

① ② ③

(例) (A) I play soccer.　(B) I do not play soccer.（私はサッカーをしません。）

① (A) _____

　 (B) _____

② (A) _____

　 (B) _____

③ (A) _____

　 (B) _____

> ガイド (1) 一般動詞の否定文は，動詞の前に do [dúː] not をつけてつくる。
>
> 　　 I like baseball. → I |do not| like baseball.（私は野球が好きではありません。）
>
> 　(2) play ＋スポーツ名「～をする」／ play ＋ the ＋楽器名「～を演奏する」

076 〉[I [You] don't play ～.]

(　　)内に適当な1語を入れ，英文を完成しなさい。

① I (　　　　) (　　　　) have a computer.

　（私はコンピューターを持っていません。）

② I (　　　　) play tennis well.

　（私はテニスがじょうずではありません。）

③ You (　　　　) walk to school.

　（あなたは歩いて学校へ行ってはいません。）

> ガイド do not の短縮形は don't [dóunt]。

語句 ① have [hæv] ～を持っている　② tennis [ténəs] テニス　③ walk [wɔːk] 歩く

最 高 水 準 問 題

解答 別冊 p.13

077 （ ）内に入る適当な語句を下から１つ選び，記号を○でかこみなさい。

① I (　　　　) a computer.

　ア am not　　イ have not　　ウ do not have　　エ have not do

② This (　　　　) my towel.

　ア is not　　イ have not　　ウ do not is　　エ is not have

③ I have a raincoat. I (　　　　) an umbrella.

　ア not need　　イ need not　　ウ don't　　エ don't need

078 次の語を並べかえ，英文を完成しなさい。ただし，不要な語が１つ含まれています。

① you / his / are / know / do / address / not / (.) （あなたは彼の住所を知りません。）

_____

② I / student / am / do / a / not / new / (.) （私は新入生ではありません。）

_____

難 ③ I / do / do / am / homework / not / my / (.) （私は宿題をしません。）

_____

079 次の文を英語になおしなさい。

① 私はペット（pet）を飼っていません。

_____

② 私は彼女の友だちではありません。

_____

③ あなたには新しい自転車は必要ありません。

_____

④ 私は小さなかばんはほしくありません。

_____

解答の方針

077 be 動詞と一般動詞とでは否定文のつくり方が違う。　② towel [táuəl] タオル　③ raincoat [réinkout] レインコート

078 ① address [ədrés] 住所　③ homework [hóumwəːrk] 宿題

079 ① pet [pét]

13 Do you play ～?

重要 **080** 〉**[Do you play ～?]**

例にならって，疑問文を完成しなさい。また，完成した疑問文を日本語になおしなさい。

(例) You play tennis. → Do you play tennis?（あなたはテニスをしますか。）

① You read comics. → (　　　　) you read comics?

　(訳) _____

② You have a smartphone. → (　　　　) (　　　　) have a smartphone?

　(訳) _____

③ You know this animal. → (　　　) (　　　) (　　　　) this animal?

　(訳) _____

> ガイド 一般動詞の疑問文は，文の最初に Do を置いてつくる。
> 　　　 You like dogs. → Do you like dogs?（あなたは犬が好きですか。）

語句 ① read [ríːd] ～を読む　comic [kámik] マンガ　② smartphone [smáːrtfoun] スマートフォン
③ animal [ǽnəml] 動物

081 〉**[Do you play ～?の答え方]**

(　　)内に適当な1語を入れ，英文を完成しなさい。

① Do you like music? — Yes, I (　　　　).

　（あなたは音楽が好きですか。—はい，好きです。）

② Do you use this software? — No, I (　　　　).

　（あなたはこのソフトを使いますか。—いいえ，使いません。）

③ Do you have this CD? — Yes, (　　　　) (　　　　).

　（あなたはこの CD を持っていますか。—はい，持っています。）

④ Do you write letters? — No, (　　　　) (　　　　).

　（あなたは手紙を書きますか。—いいえ，書きません。）

> ガイド Do you ～?（あなたは～しますか。）
> 　　　 — Yes, I do.（はい，します。）/ No, I don't [do not].（いいえ，しません。）

語句 ① music [mjúːzik] 音楽　② software [sɔ́(ː)ftweər]（パソコンの）ソフトウェア　④ write [ráit] ～
を書く　letter [létər] 手紙

最 高 水 準 問 題 ──────────────────── 解答 別冊 p.13

082 ( )内に適当な語を入れ，英文を完成しなさい。

① ( ) you a soccer player? ― Yes, I ( ).

② ( ) you play soccer? ― No, I ( ).

③ ( ) you a good singer? ― No, ( ) ( ).

④ ( ) you sing well? ― Yes, ( ) ( ).

083 次の問いの答えとして適当なものを下から１つずつ選び，( )内に記号を書きなさい。

① Do you know that man?   ( )

② Is that man your father?   ( )

③ Who is that man?   ( )

　ア Yes, I am.　イ Yes, he is.　ウ Yes, I do.　エ Yes, you do.　オ He is Mr. Oka.

084 次の語を並べかえ，英文を完成しなさい。ただし，不要な語が１つ含まれています。

① あなたは彼女のメールアドレスを知っていますか。

you / are / e-mail / know / do / address / her / (?)

_____

② あなたは彼女のペンフレンドですか。

her / you / pen / do / are / pal / (?)

_____

③ あなたは新しいさいふがほしいですか。

new / want / are / you / do / a / wallet / (?)

_____

難 085 次の文を英語になおしなさい。

あなたは大きな市に住んでいますか。

_____

解答の方針

082 be 動詞と一般動詞とでは疑問文のつくり方が違う。

083 ③ who や what で始まる疑問文には，Yes / No では答えない。

084 ① e-mail [íːmeil] Eメール　② pen pal [pén pæl] ペンフレンド，文通仲間　③ wallet [wάlət] さいふ

14 A or B の疑問文

重要 086 [A or B の疑問文]

例にならって，2 つの文を 1 つにまとめなさい。また，完成した文を日本語になおしなさい。

(例) Do you like English? Do you like math?

　　→ Do you like English or math?（あなたは英語と数学のどちらが好きですか。）

① Do you play basketball? Do you play volleyball?

　　(英文)＿＿＿＿＿＿＿＿＿＿＿＿＿＿＿＿＿＿＿＿＿＿＿＿＿＿＿＿＿＿＿＿＿＿

　　(訳)＿＿＿＿＿＿＿＿＿＿＿＿＿＿＿＿＿＿＿＿＿＿＿＿＿＿＿＿＿＿＿＿＿＿＿

② Do you want coffee? Do you want tea?

　　(英文)＿＿＿＿＿＿＿＿＿＿＿＿＿＿＿＿＿＿＿＿＿＿＿＿＿＿＿＿＿＿＿＿＿＿

　　(訳)＿＿＿＿＿＿＿＿＿＿＿＿＿＿＿＿＿＿＿＿＿＿＿＿＿＿＿＿＿＿＿＿＿＿＿

> ガイド A or [ɔ́ːr] B「A かそれとも B」　※ A は上げ調子，B は下げ調子で読む。
> 　　Do you like A(↗) or B(↘)?（あなたは A と B のどちらが好きですか。）

語句 (例) math [mǽθ] 数学　① basketball [bǽskətbɔːl] バスケットボール　volleyball [válibɔːl] バレーボール　② tea [tíː] 紅茶，お茶

087 [A or B の答え方]

(　　)内に適当な 1 語を入れ，英文を完成しなさい。

① (　　　　　) you like fish (　　　　　) meat? — I (　　　　) meat.

　　(あなたは魚と肉のどちらが好きですか。—肉です。)

② Is this a dog (　　　　) (　　　　) (　　　　)? — (　　　　) a dog.

　　(これはイヌですか，ネコですか。—イヌです。)

③ (　　　　) (　　　　) (　　　　) the piano (　　　　) the guitar?

　　— (　　　　) (　　　　) (　　　　) (　　　　).

　　(あなたはピアノとギターのどちらを演奏しますか。—ギターです。)

> ガイド A or B の疑問文には，A か B かのどちらかで答える。
> 　　Do you like soccer or baseball?（あなたはサッカーと野球のどちらが好きですか。）
> 　　— I like soccer.（私はサッカーが好きです。）

語句 ① meat [míːt] 肉

最 高 水 準 問 題 ─────────────── 解答 別冊 p.14

088 （　）内に入る適当な語句を下から1つ選び，記号を○でかこみなさい。

① Do you like soccer or basketball? — （　　　　　）

　ア I like soccer.　　イ I don't like soccer.　　ウ It's soccer.

② Is that a bus or a truck? — （　　　　）

　ア It's a truck.　　イ Yes, that is.　　　　ウ No, it isn't. It's a truck.

089 次の絵を見て，下の問いの答えを書きなさい。

① 　　② 　　③

① Is this a glass or a vase?

_____

② Are you a taxi driver or a bus driver?

_____

③ Do you have a cat or a dog?

_____

090 次の文を英語になおしなさい。

難 ① この国はイングランド（England）ですか，フランス（France）ですか。

_____

② 彼女はあなたのお姉さんですか，お母さんですか。—母です。

_____

③ あなたはミルク（milk）が好きですか，ココア（cocoa）が好きですか。—ミルクです。

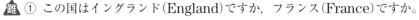

_____

解答の方針
───────────────────────

088 ② truck [trʌ́k] トラック

089 ① vase [véis] 花びん　② taxi [tǽksi] タクシー

090 ① England [íŋglənd]　France [fræns]　③ milk [mílk]　cocoa [kóukou]

15 the / one の用法

重要 **091** 〉[the の用法]

（　　）内に必要に応じて a, an, the のどれかを入れなさい。どれも入れなくてよいときは×を書きなさい。

① I have (　　　　　) dog. (　　　　　) dog is very cute.

　（私は犬を 1 ぴき飼っています。その犬はとてもかわいいです。）

② (　　　　　) library is open today.（図書館はきょうは開いています。）

③ I have (　　　　　) interesting book.（私はおもしろい本を持っています。）

④ (　　　　　) Mr. Ito is a music teacher.（伊藤先生は音楽の先生です。）

⑤ Do you play (　　　　　) tennis?（あなたはテニスをしますか。）

⑥ I don't play (　　　　　) violin.（私はバイオリンはひきません。）

ガイド (1) **a, an, the** の 3 語を「冠詞」と言う。基本的な使い方は次のとおり。

　　　a, an → 初めて話題に出す 1 つの物や 1 人の人の前に置く

　　　the → 相手がすでに知っている物や人の前に置く

　(2) 人名（Tom など）や地名（America など）の前には冠詞はつけない。

　(3) play のあとのスポーツ名には冠詞はつけない。楽器名には冠詞をつける。

語句 ① very [véri] とても　cute [kjúːt] かわいい　② open [óupn] 開いている　today [tədéi] きょう（は）

---

092 〉[one の用法]

（　　）内の語を並べかえて，英文を完成しなさい。

① You have a new camera. (old / have / an / one / I).

　（あなたは新しいカメラを持っています。私は古いのを持っています。）

_____

② This shirt is too small. (big / want / I / that / one).

　（このシャツは小さすぎます。私はあの大きいのがほしいです。）

_____

ガイド (1) one [wʌn] はもともと「1（つ）」の意味。前に出た名詞の代わりに使うこともできる。

　　　I don't like this shirt. I like that one [=shirt].

　　　（私はこのシャツは好きではありません。あのシャツが好きです。）

　(2) too ＋形容詞「（あまりにも）～すぎる」

語句 ② shirt [ʃə́ːrt] シャツ

最 高 水 準 問 題 —————————————— 解答 別冊 p.14

093 ( )内に適当な1語を入れ，英文を完成しなさい。

① このバッグは好きではありません。あれがほしいです。

I don't like this bag.　I want that (　　　　　).

② このコンピューターは古すぎます。新しいのが必要です。

This computer is (　　　　) old.　I need (　　　　) new (　　　　).

094 次の英文には誤りがあります(誤りは1つとは限りません)。正しい文に書きなおしなさい。

① This is the Lisa's picture.　It's a very beautiful.

_____

② The U.S. is large country.　The Japan is the small.

_____

難 ③ I play the soccer with a my friend in the park.

_____

095 次の語を並べかえ，英文を完成しなさい。ただし，不要な語が1つ含まれています。

難 ① その建物はあなたの学校ですか。

school / the / a / your / building / is / (?)

_____

② あなたはギターか，それともピアノをひきますか。

you / a / the / the / piano / guitar / play / do / or / (?)

_____

096 次の文を英語になおしなさい。

① その動物はウサギではありません。

_____

難 ② この本はむずかしすぎますか。(むずかしい = difficult)

_____

解答の方針

093 同じ名詞のくり返しをさけるには，one を使う。

094 ① picture [píktʃər] 絵，写真　beautiful [bjúːtəfl] 美しい

096 ② difficult [dífikʌlt]

1 次の文の（　　）の前の語を上げ調子で読むときは↗，下げ調子で読むときは↘を書きなさい。
(各1点, 計10点)

① Do you like math? (　　) — Yes, I do. (　　)

② Who is that girl? (　　) — She is Naoko. (　　)

③ Is that a dog (　　) or a cat? (　　)

④ I don't have a DVD player. (　　) Do you? (　　)

⑤ Are you a doctor (　　) or a nurse? (　　)

2 次の各グループの語に関係のある，（　　）内に与えられた文字で始まる語を，単数形で書きなさい。
(各1点, 計5点)

① (s　　) soccer, baseball, basketball, tennis

② (a　　) cow, monkey, tiger, mouse

③ (f　　) rose, lily, pansy, tulip

④ (f　　) fish, meat, fruit, vegetable

⑤ (j　　) singer, dancer, doctor, teacher

3 ①～⑤の問いに対する適当な答えをア～キの中から1つずつ選び，（　　）内に記号を書きなさい。同じ記号をくり返して使ってもかまいません。
(各1点, 計5点)

① (　　) What is that building?

② (　　) Is that restaurant good?

③ (　　) What is your father's job?

④ (　　) Is that a hotel or a restaurant?

⑤ (　　) Do you go to the restaurant?

ア Yes, I am.　　イ Yes, he is.

ウ Yes, I do.　　エ Yes, it is.

オ It's a restaurant.　　カ He is my father.

キ He is a cook.

4 （　）内に必要に応じて a, an, the のどれかを入れなさい。何も入れなくてよいときは×を書きなさい。　　　　　　　　　　　　　　　　　　　（各1点，計13点）

① I have (　　　) piano. I practice it every day.

② Do you play (　　　) piano? — Yes, I do.

③ I have (　　) album. — Is this (　　　) album?

④ Your bag is (　　　) nice.

⑤ That's (　　) Tom's house. It's (　　) very big house.

⑥ I play (　　) tennis with (　　) my friend.

⑦ I go to (　　) school by (　　) bus.

⑧ I watch (　　) television for (　　　) hour every day.

5 （　）内に入る適当な語を，下から1つずつ選びなさい。同じ語をくり返して使ってはいけません。　　　　　　　　　　　　　　　　　　　（各1点，計7点）

① I (　　　　) two sisters.

② I (　　　　) not Kenji's sister.

③ I (　　　　) Hiromi very much.

④ I (　　　　) with Emi's sister.

⑤ I (　　　　) in Nagano.

⑥ I (　　　　) e-mails to Hiroshi.

⑦ I (　　　　) Takeshi with his homework.

am / have / help / like / live / play / write

6 ①②は（　）内に与えられた文字で始まる適当な語を入れて，英文を完成しなさい。③④は2つの文がほぼ同じになるように，（　）内に適当な語を入れなさい。　（各2点，計8点）

① This shirt is (t　　) small. I want a big (o　　).

② I like rock music very much. I (l　　) to it at home every day.　（愛媛県改）

③ I always go to school on foot.

　I always (　　　　) (　　　　) school.　（広島・近畿大附東広島高改）

④ My hobby is traveling.

　I (　　　　) traveling.

7 次の英文は，1語を加えるか，または1語を取りのぞくと正しい文になります。正しい文に書きなおしなさい。ただし，英文の意味を変えてはいけません。　　　　(各2点，計8点)

① That building on the hill is church.

_____

② This is very interesting book.

_____

③ This dress is too a small for the girl.

_____

④ I don't like this color.　I want red one.

_____

8 与えられた文を利用して，(　　)内の指示にあう文を書きなさい。　　　　(各2点，計8点)

① Do you speak English? Do you speak French?（1つにまとめた文）

_____

② I go to the swimming pool.（「行かない」という意味の文）

_____

③ Do you have a bicycle or a motorbike?（この問いに答える文）

_____

④ You know this singer.（「知っていますか」とたずねる文と，それに「いいえ」と答える文）

_____

9 次の文を日本語になおしなさい。　　　　(各2点，計8点)

① Do you drink tea or coffee?

_____

② Do you play soccer after school?

_____

③ Do you need a map of this town?

_____

④ I don't like this kind of music.

_____

10 次の文を英語になおしなさい。　　　　　　　　(各3点, 計12点)

① あなたの先生は男の人ですか, 女の人ですか。

_____

② このネコは小さいです。あちらのは大きいです。(one を使って)

_____

③ 私はこの公園の中を歩きます。

_____

④ 私は動物はあまり好きではありません。

_____

11 次の文を読んで, 下の問いに答えなさい。　(①②⑤⑥各3点, ③④各2点, 計16点)

　Hello.　My name is Haruka Aoki.　I am a junior high school student.　I am a *member of the basketball *team.　(1)私はバスケットボールが大好きです。　But (2)I don't play basketball very well.　(3)私は今, 熱心に練習しています。

　My big sister Miki is a junior high school student, (4)(　　　　).　She is *good at English.　I'm not very good at it.　I sometimes study with Miki.　(5)My favorite subject is Japanese.

　(注) member メンバー, 部員　team チーム　good at 〜 〜が得意だ

① 下線部(1)を英語になおしなさい。

_____

② 下線部(2)を I'm と player を使った文に書きかえなさい。

_____

③ 下線部(3)の英訳として適当なものを下から1つ選び, 記号を○でかこみなさい。

　　ア I now hard practice.　　イ I hard practice now.

　　ウ I practice hard now.　　エ I practice now hard.

④ (4)の(　　)内に入る, t で始まる適当な語を書きなさい。

　　(t　　　　)

⑤ 下線部(5)を日本語になおしなさい。

_____

⑥ 次の問いに英語で答えなさい。

　Is Haruka good at English?

_____

16 I have two dogs.

標 準 問 題 ──────────────────────── (解答) 別冊 p.16

重要 097 [名詞の複数形]

[ ]内の名詞を正しい形にして，( )内に入れなさい。

① I have two ( ). [dog] （私は 2 ひきの犬を飼っています。）

② I use three ( ). [watch] （私は 3 つの時計を使っています。）

③ I have five ( ) today. [class] （きょうは 5 時間の授業があります。）

④ I know many ( ). [country] （私はたくさんの国を知っています。）

⑤ I have four ( ). [knife] （私は 4 本のナイフを持っています。）

ガイド (1) 1つ[1人]の物や人を「単数」，2つ[2人]以上の物や人を「複数」と言う。

(2) 複数の物や人は，複数形で表す。〈単数形＋ **s** ＝複数形〉が原則。

・a boy（1人の男の子）→ two boys（2人の男の子たち）

(3) ただし，次の場合には少し形が変わる。（1つずつ覚えること）

・-es をつけるもの：box<u>es</u>（箱），class<u>es</u>，watch<u>es</u> など

・-y → -ies となるもの：country → countr<u>ies</u>，lady（婦人）→ lad<u>ies</u> など

・-f(e) → -ves となるもの：leaf → lea<u>ves</u>，knife → kni<u>ves</u>，life（生活）→ li<u>ves</u> など

数字 (1～10)				
	1	one [wán]	6	six [síks]
	2	two [túː]	7	seven [sévn]
	3	three [θríː]	8	eight [éit]
	4	four [fɔ́ːr]	9	nine [náin]
	5	five [fáiv]	10	ten [tén]

語句 ③ class [klǽs] クラス，授業 ④ many [méni] 多くの ⑤ knife [náif] ナイフ

098 [注意すべき複数形]

次の名詞の複数形を答えなさい。

① man ( ) ② woman ( )

③ child ( ) ④ tooth ( )

⑤ foot ( ) ⑥ Japanese ( )

ガイド (1) 複数形が特殊な形になるものがある。

(2) 複数形と単数形が同じ形のものがある。（例：two Japanese「2人の日本人」）

語句 ① man [mǽn] 男の人 ② woman [wúmən] 女の人 ③ child [tʃáild] 子ども ④ tooth [túːθ] 歯
⑤ foot [fút] 足，フィート（長さの単位）

099 〉[s, es の発音]

下線部の発音が [s] ならア，[z] ならイ，[iz] ならウで答えなさい。

① boys （　） ② cups （　） ③ classes （　）

④ bags （　） ⑤ desks （　） ⑥ dogs （　）

⑦ names （　） ⑧ nurses （　） ⑨ countries （　）

> **ガイド** 複数形の語尾（単語の最後の部分）は，次のように発音する。
>
> | つづり | 発音 | 例 |
> |---|---|---|
> | -s | [s] ス | books, cups, lakes(湖) |
> | | [z] ズ | animals, boys, names |
> | -(i)es | [iz] イズ | classes, watches, babies |
> | -ts | [ts] ツ | cats, hats, sports(スポーツ) |
> | -ds | [dz] ヅ | birds, beds(ベッド), clouds(雲) |

重要 100 〉[複数形にできない名詞]

複数形にできる（数えられる）名詞は○，複数形にできない（数えられない）名詞は×を（　）内に書きなさい。

① pencil （　） ② water （　） ③ computer （　）

④ John （　） ⑤ family （　） ⑥ Japan （　）

⑦ color （　） ⑧ tea （　） ⑨ peace （　）

> **ガイド** 次のような名詞は数えられない。従って，前に a [an] をつけることはできず，複数形も不可。
> （A）一定の形を持たない物質（water, coffee など）
> （B）固有名詞，抽象的な概念を表すもの（人名，地名，peace, hapiness など）
> ※形を持たなくても「1つ，2つ」と数えられるものは複数形にできる（例：color）。

語句 ② water [wɔ́ːtər] 水　⑤ family [fǽməli] 家族　⑦ color [kʌ́lər] 色　⑨ peace [píːs] 平和

重要 101 〉[some, any]

（　）内に some, any のどちらかを入れなさい。

① I have （　） friends.（私には何人かの友だちがいます。）

② Do you have （　） pens?（あなたはペンを何本か持っていますか。）

③ I don't have （　） CDs.（私は CD を1枚も持っていません。）

> **ガイド** 〈肯定文中で〉**some** ＋複数形の名詞「いくつかの～」
> 〈疑問文中で〉**any** ＋複数形の名詞「いくつかの～」
> 〈否定文中で〉**not ... any** ＋複数形の名詞「1つも～ない」

語句 some [sʌ́m]　any [éni]

最 高 水 準 問 題 ————————————————————————— 解答 別冊 p.17

102 A：B＝C：Dの関係になるよう，Dの空所に適当な語を入れなさい。

	A	B	C	D	
①	knife	knives	box	（　　　　　）	（山梨学院大附高 改）
②	man	men	city	（　　　　　）	（東京・実践学園高 改）
③	table	tables	leaf	（　　　　　）	（獨協埼玉高 改）
④	bag	bags	woman	（　　　　　）	（熊本・九州学院高 改）

103 「1つ[人]の～」を，（　　　）内の数のものに変えなさい。

① a potato（2つのじゃがいも）　　　　_____

② an American（3人のアメリカ人）　　_____

③ a Japanese（4人の日本人）　　　　　_____

④ a country（5つの国）　　　　　　　_____

⑤ a tooth（6本の歯）　　　　　　　　_____

難 ⑥ a sheep（7ひきのヒツジ）　　　　　_____

104 複数形にできるものはその複数形を書きなさい。複数形にできないものは×を書きなさい。

① camera （　　　　）	② dish （　　　　）
③ milk （　　　　）	④ baby （　　　　）
⑤ Tom （　　　　）	⑥ life （　　　　）
⑦ China （　　　　）	⑧ Chinese （　　　　）

105 下線部の発音が他と異なるものを1つ選び，記号を○でかこみなさい。

① ア cups　　　イ books　　　ウ parks　　　エ keys

② ア eggs　　　イ shops　　　ウ names　　　エ songs

難 ③ ア tomatoes　イ dishes　　ウ houses　　エ parties

解答の方針

102 不規則な複数形に注意。

103 複数形と単数形が同じ語に注意。　① potato [pətéitou] じゃがいも　⑥ sheep [ʃíːp] ヒツジ

104 ② dish [díʃ] 皿　④ baby [béibi] 赤ちゃん

105 ② song [sɔ́(ː)ŋ] 歌　③ tomato [təméitou] トマト

106 ( )内の指示に従って，文を書きかえなさい。

① I have a dictionary.（下線部を「何冊かの辞書」の意味に）

_____

② You need some cups.（疑問文に）

_____

③ I want some notebooks.（否定文に）

_____

107 次の語を並べかえ，英文を完成しなさい。ただし，不要な語が1つ含まれています。また，下線部の語は適当な形にかえなさい。

① 私は朝食にいくつかのいちごを食べます。

I / some / any / eat / breakfast / strawberry / for / (.)

_____

② 私は今日は英語の授業が1つもありません。

I / today / have / class / some / any / English / don't / (.)

_____

③ あなたには何か趣味がありますか。

hobby / you / some / any / have / do / (?)

_____

108 次の文を英語になおしなさい。

① 私は何枚かの古い切手(stamp)を持っています。

_____

② あなたには何人かの子どもがいますか。

_____

③ 私には外国人の友だちは1人もいません。（外国の = foreign）

_____

解答の方針

106 some と any の使い分けに注意。

107 ① for breakfast [brékfəst] 朝食に　strawberry [strɔ́ːberi] いちご　③ hobby [hάbi] 趣味

108 ① stamp [stǽmp]　③ foreign [fɔ́ːrən]

17 We [You, They] are 〜.

標準問題 ——————————————————————————————— 解答 別冊 p.18

重要 109 [We are 〜. You are 〜.]

例にならって書きかえなさい。

(例) This is Sayaka. She is my friend.

    → Sayaka and I are friends. We are friends.

① This is Hideki. He is my cousin.

_____

② This is Linda. She is your classmate.

_____

> **ガイド** 主語が複数（2つ以上の物や2人以上の人）のときは，be 動詞は are を使う。
> We are 〜.「私たちは〜です。」／ You are 〜.「あなたたちは〜です。」

語句 ① cousin [kʌ́zn] いとこ

重要 110 [They are 〜. A and B are 〜.]

(　　　)内に適当な語を入れ，英文を完成しなさい。

① Akira is Ken's brother. (　　　　　) are brothers.

（アキラはケンの兄[弟]です。彼らは兄弟です。）

② Judy is Alice's sister. (　　　　) (　　　　) sisters.

（ジュディーはアリスの姉[妹]です。彼女たちは姉妹です。）

③ Roy (　　　　) Jack (　　　　) good friends.

（ロイとジャックはよい友だちです。）

④ I have two cats. (　　　　) (　　　　) very cute.

（私はネコを2ひき飼っています。それらはとてもかわいいです。）

> **ガイド** 「彼ら」「彼女ら」「それら」は they で表す。 (例) They are 〜.「彼[彼女・それ]らは〜です。」
>
> | 人称 | 1人称 | 2人称 | 3人称 | | |
> |---|---|---|---|---|---|
> | 単数 | I am 〜. | You are 〜. | He is 〜. | She is 〜. | It is 〜. |
> | 複数 | We are 〜. | You are 〜. | They are 〜. | | |
>
> ※主語が複数のときは be 動詞は常に are を使う。

111 〉 [We [You, They] are not ～.]

否定文にしなさい。また，その否定文を日本語になおしなさい。

① We are Tom's classmates.

(英文)＿＿＿＿＿＿＿＿＿＿＿＿＿＿＿＿＿＿＿＿＿＿＿＿＿＿＿＿＿＿

(訳)＿＿＿＿＿＿＿＿＿＿＿＿＿＿＿＿＿＿＿＿＿＿＿＿＿＿＿＿＿＿

② You are little boys.

(英文)＿＿＿＿＿＿＿＿＿＿＿＿＿＿＿＿＿＿＿＿＿＿＿＿＿＿＿＿＿＿

(訳)＿＿＿＿＿＿＿＿＿＿＿＿＿＿＿＿＿＿＿＿＿＿＿＿＿＿＿＿＿＿

③ Ken and I are tired.

(英文)＿＿＿＿＿＿＿＿＿＿＿＿＿＿＿＿＿＿＿＿＿＿＿＿＿＿＿＿＿＿

(訳)＿＿＿＿＿＿＿＿＿＿＿＿＿＿＿＿＿＿＿＿＿＿＿＿＿＿＿＿＿＿

> **ガイド** be動詞の否定文は，be動詞のうしろに not をつけてつくる。
> We are not [aren't] busy. (私たちはいそがしくありません。)

語句 ② little [lítl] 小さい　③ tired [táiərd] 疲れている

112 〉 [Are we [you, they] ～？などとその答え方]

(　　)内に適当な1語を入れ，英文を完成しなさい。

① (　　　　) (　　　　) hungry? — Yes, (　　　　) are.

(あなたたちはおなかがすいていますか。—はい，すいています。)

② (　　　　) you and Mary classmates? — No, (　　　　) (　　　　).

(あなたとメアリはクラスメートですか。—いいえ，ちがいます。)

③ (　　　　) Mike and Jack brothers? — Yes, (　　　　) (　　　　).

(マイクとジャックは兄弟ですか。—はい，そうです。)

④ (　　　　) your cats big? — No, (　　　　) (　　　　).

(あなたのネコたちは大きいですか。—いいえ，ちがいます。)

⑤ Who (　　　　) (　　　　)? — (　　　　) (　　　　) my classmates.

(彼らはだれですか。—私のクラスメートです。)

> **ガイド** Are + 複数形の主語 ～？ (…は～ですか。)
> Are you friends? — Yes, we are.　※ Yes, we are (friends). を省略した形。

語句 ① hungry [hʌ́ŋgri] 空腹の　⑤ classmate [klǽsmeit] クラスメート，同級生

113 〉 [These [Those] are 〜.]

下線部を複数形にかえて，全文を書きかえなさい。

① This is a <u>textbook</u>.

_____

② That <u>man</u> isn't a teacher.

_____

③ Is this Mary's <u>notebook</u>? — Yes, it is.

_____

> **ガイド** (1) this の複数形は these [ðíːz]，that の複数形は those [ðóuz]。
>
> | 単数 | This is a cat.（これはネコです。） | That is a bird.（あれは鳥です。） |
> |---|---|---|
> | | This cat is big.（このネコは大きい。） | That bird is small.（あの鳥は小さい。） |
> | 複数 | These are cats.（これらはネコです。） | Those are birds.（あれらは鳥です。） |
> | | These cats are big.
（これらのネコは大きい。） | Those birds are small.
（あれらの鳥は小さい。） |
>
> (2) a [an] は「1つ[1人]の」の意味だから，複数形の名詞の前にはつけない。

重要 114 〉 [our, your, their]

（　　）内に適当な語を入れ，英文を完成しなさい。

① Mr. Imai is (　　　　　) teacher.（今井先生は私たちの先生です。）

② Is that (　　　　　) school?（あれはあなたたちの学校ですか。）

③ Nancy and Emily are sisters. (　　　　　) father is a doctor.

（ナンシーとエミリーは姉妹です。彼女たちのお父さんは医者です。）

④ The cats are small, but (　　　　　) tails are very long.

（そのネコたちは小さいけれど，しっぽがとても長いです。）

> **ガイド** 主格・所有格の単数形と複数形をまとめると，次のようになる。
>
> | | | | | | | |
> |---|---|---|---|---|---|---|
> | 主格 | 単数 | I
私は | you
あなたは | he
彼は | she
彼女は | it
それは |
> | | 複数 | we
私たちは | you
あなたたちは | they
彼[彼女・それ]らは | | |
> | 所有格 | 単数 | my
私の | your
あなたの | his
彼の | her
彼女の | its
それの |
> | | 複数 | our
私たちの | your
あなたたちの | their
彼[彼女・それ]らの | | |

語句 ④ but [bʌt] しかし　tail [téil] 尾　long [lɔ(ː)ŋ] 長い

最 高 水 準 問 題
解答　別冊 p.18

115 （　）内から適当な語を選び，○でかこみなさい。

① You and I (am / are) good friends.　　　　　　　　　（大阪・羽衣学園高）

② (Is / Are) Tom and his brother good at sports?

③ (Are / Do) you and your sister good singers?

④ Ken and his brother love (its / their) parents.

116 下線部を1語にして，全文を書きかえなさい。

① Tom and I are good friends.

_____

② Are you and Mike brothers?

_____

③ Are Mai and Aya sisters?

_____

④ These cats are very cute.

_____

難 ⑤ This is my family's album.

_____

117 （　）内に適当な語を入れ，英文を完成しなさい。

① (　　　　) these your pencils? — Yes, (　　　) (　　　).

② Are you junior high school students?

　— Yes, (　　　) (　　　).

③ (　　　) those boys brothers? — No, (　　　) (　　　).

④ Are you and Akira classmates? — No, (　　　) (　　　).

解答の方針

115 ② be good at ～ ～が得意だ　sport [spɔ́ːrt] スポーツ　④ love [lʌv] ～が大好きである　parent [péərənt] 親（parents は「両親」）

116 we，you，they またはその所有格で言いかえる。

117 ② students が複数形であることに注意。

118 2つの文がほぼ同じ内容を表すように，（　　）内に適当な1語を入れなさい。

① You and I are classmates.

　　（　　　　）（　　　　　） classmates.

② These cats are fat.

　　These （　　　　　）（　　　　　） cats.

③ Those are very beautiful pictures.

　　（　　　　）（　　　　　）（　　　　　　） very beautiful.

④ I use these dictionaries.

　　These （　　　　　）（　　　　　） dictionaries.

119 次の英文には誤りがあります。正しい文に書きなおしなさい。

① Is Ken and Tom hungry?

_____

② Are you and Jim classmates? — Yes, I am.

_____

③ Mike and his brother are a high school student.

_____

④ Are these your CDs? — No, these aren't.

_____

120 下線部の語を複数形にして，全文を書きかえなさい。

① That picture is beautiful.

_____

② Is this a map?

_____

③ Is it your pen? — Yes, it is.

_____

解答の方針

118 ② fat [fǽt] 太っている
119 主語が複数形なら全体を複数形にそろえる。
120 ② map [mǽp] 地図

121 次の語を並べかえ，英文を完成しなさい。

① これらのかわいいネコはエミリーのペットです。

pets / cats / Emily's / cute / these / are / (.)

_____

② あなたのお父さんとお母さんは同い年ですか。

your / your / father / mother / same / are / the / age / and (?)

_____

③ あなたとナナは同じクラスですか。

the / you / are / Nana / in / same / and / class (?)

_____

④ 写真の中のこれらの男の子たちはだれですか。

in / boys / who / photo / the / these / are / (?)

_____

122 次の文を英語になおしなさい。

① 私たちの先生は今はいそがしくありません。

_____

② あの女性たちは俳優(actor)です。

_____

③ あれらの男性はあなたの先生たちですか。—はい，そうです。

_____

④ あれらの建物は何ですか。—ホテルです。

_____

⑤ あなたたちは看護師ですか。—いいえ，ちがいます。

_____

⑥ これらはあなたのお子さんたちのおもちゃですか。—いいえ，ちがいます。

_____

解答の方針

121 ② same [séim] 同じ　age [éidʒ] 年齢

122 名詞を複数形にすることに注意。　② actor [ǽktər]

18 We play 〜. / How many 〜?

123 [We [You, They] play 〜.]

( )内に適当な語を入れ，英文を完成しなさい。

① (　　　　) (　　　　) math. （私たちは数学を勉強します。）

② (　　　　) (　　　　) (　　　　) tennis.

（彼らはテニスをしません。）

③ (　　　　) (　　　　) like science? — Yes, (　　　　) (　　　　).

（あなたたちは理科が好きですか。―はい，好きです。）

> ガイド (1) 主語が複数の場合，一般動詞はそのままの形で使う。
>
> I study English. — We study English. （私たちは英語を勉強します。）
>
> (2) 否定文・疑問文のつくり方も同じ。答えるときは we, you, they を使う。
>
> Do you and Emily play tennis? — Yes, we do.

語句 ③ science [sáiəns] 科学，理科

重要 124 [How many 〜?]

( )内の語を並べかえ，英文を完成しなさい。

① How (DVDs / do / many / you) have? — I have about ten.

（あなたは何枚の DVD を持っていますか。―およそ 10 枚です。）

_____

② How (have / classes / do / many / they) today? — They have six.

（彼らはきょう何時間の授業がありますか。―6 時間です。）

_____

> ガイド (1) 「いくつ」と数をたずねるときは，How many を文の最初に置く。
>
> I have three bags.
>
> →〈下線部をたずねる文〉 **How many bags** do you have?
>
> 　　　　いくつのかばん　　　　└疑問文の語順
>
> (2) How many で始まる疑問文には，数字で答える。

語句 ① DVD [díːviːdíː]　about [əbáut] 約，およそ

最 高 水 準 問 題 ──────────────────────── 解答 別冊 p.20

125 （　）内から正しい語を選び，○でかこみなさい。

① My father and my mother (aren't / don't) from Tokyo.

② My father's two brothers (aren't / don't) live in Japan.

③ (Are / Do) you and your sister like music? — Yes, we (are / do).

④ (Are / Do) your classmates study hard? — Yes, (we / they) (are / do).

⑤ How many (DVD / DVDs) do you have?

（大阪・羽衣学園高）

126 次の語を並べかえ，英文を完成しなさい。

① その子どもたちは両親が大好きです。

children / parents / love / the / their / (.)

_____

② あなたは学校で何時間勉強しますか。

how / study / many / do / in / you / school / hours (?)

_____

難 ③ あなたの市の人口はどのくらいですか。

your / how / city / live / people / in / many (?)

_____

127 次の文を英語になおしなさい。

① 彼らは甘いもの(sweets)をまったく食べません。

_____

② 彼らは英語を熱心に勉強しますか。

_____

③ あなたは何冊の辞書を使いますか。

_____

解答の方針

126 ② in school 学校で　hour [áuər] (1)時間　③ people [píːpl] 人々
127 ① sweets [swíːts]

1 A：B＝C：Dの関係になるよう，Dの（　　）内に適当な語を入れなさい。　　(各1点, 計6点)

	A	B	C	D	
①	window	windows	baby	（　　　　　）	(広島・崇徳高 改)
②	apple	apples	child	（　　　　　）	(獨協埼玉高 改)
③	foot	feet	man	（　　　　　）	(兵庫・芦屋学園高 改)
④	he	his	it	（　　　　　）	(獨協埼玉高 改)
⑤	I	my	they	（　　　　　）	
⑥	this	these	that	（　　　　　）	(熊本・九州学院高 改)

2 （　　）内のうち正しい方を選び，○でかこみなさい。　　(各1点, 計8点)

① 2つのいす　　　　　　two　（ ア chair　イ chairs ）

② 2つのベンチ　　　　　two　（ ア benchs　イ benches ）

③ いくつかのコップ　　　some　（ ア glass　イ glasses ）

④ いくらかのミルク　　　some　（ ア milk　イ milks ）

⑤ 2人の韓国人　　　　　two　（ ア Korean　イ Koreans ）

⑥ 2人の中国人　　　　　two　（ ア Chinese　イ Chineses ）

⑦ 10ドル　　　　　　　ten　（ ア dollar　イ dollars ）

⑧ 10円　　　　　　　　ten　（ ア yen　イ yens ）

3 （　　）内に am, are, is, do のうち適当なものを入れ，英文を完成しなさい。 (各1点, 計8点)

① Nami and I (　　　　) good classmates.

② This flower (　　　　) beautiful.

③ Who (　　　　) those boys in the classroom?

④ (　　　　) they need our help?

⑤ (　　　　) they good basketball players?

⑥ I (　　　　) not from Tokyo.

⑦ I (　　　　) not live in Tokyo.

⑧ My house (　　　　) not new.

4 下線部の発音が同じときは○を，異なるときは×を（　　）内に書きなさい。　　（各1点，計6点）

① (　　) cakes ─ bananas　　② (　　) boxes ─ parties

③ (　　) videos ─ games　　④ (　　) shops ─ parks

⑤ (　　) apples ─ classes　　⑥ (　　) shoes ─ umbrellas

5 （　　）内に入る適当な語句を下から1つ選び，記号を○でかこみなさい。　　（各2点，計8点）

① We (　　) any cars. We use bikes.

　ア are not　　イ have　　ウ have not　　エ don't have

② Susan and Nancy write a letter to (　　) mothers every weekend.

　ア their　　イ they　　ウ her　　エ them　　（石川・金沢工業高専 改）

③ I looked up at (　　) through the window.

　ア the moon　　イ a moon　　ウ moon　　（広島・近畿大附福山高 改）

④ In winter we (　　) a lot of snow in Akita.

　ア do　　イ have　　ウ help　　エ run　　（秋田県 改）

6 （　　）内の語を並べかえ，英文を完成しなさい。ただし不要な語が1つ含まれています。
（各3点，計12点）

① うちのネコたちはキャットフードを食べません。

　(cat / cats / eat / food / are / do / our / not).

_____

② あなたはこれらの曲を知っていますか。

　(these / are / you / know / songs / do)?

_____

③ あなたのお子さんたちはあなたと遊びますか。

　(children / you / your / is / play / do / with)?

_____

④ あなたのクラスでは何人の生徒がめがねをかけていますか。

　(in / many / glasses / students / how / do / wear) your class?

_____

7 （　　）内の指示に従って書きかえなさい。　　　　　　　　　　（各2点, 計10点）

① She is a singer. （主語を複数にして）

_____

② Those boys are not my friends. （主語を単数にして）

_____

③ You help your mother. （主語を We にして）

_____

④ I have three English textbooks. （下線部が答えとなる疑問文に）

_____

⑤ We are Ms. Tanaka's students. （Ms. Tanaka を主語にして）

_____

8 次の文を日本語になおしなさい。　　　　　　　　　　　　　　（各3点, 計12点）

① Are you junior high school students?

_____

② Are all your friends boys?

_____

③ I don't have any photos of her.

_____

④ Many children like these comics.

_____

9 次の文を英語になおしなさい。　　　　　　　　　　　　　　　（各3点, 計12点）

① これらは私の母のエプロン（apron）です。

_____

② 彼らは仲のいい兄弟ですか。

_____

③ あなたはアメリカ人の友だちを何人か持っていますか。

_____

④ あなたはラケット（racket）を何本持っていますか。

_____

10 次の会話を読んで，下の問いに答えなさい。 （①③各3点，②⑤⑥各2点，④各1点，計18点）

This is Mike's fruit and vegetable store. (1)Mrs. Brown and her daughter Sandy sometimes come to the store.

Mrs. Brown: Hello, Mike.

Mike: Hello, Mrs. Brown. Hello, Sandy.

Mrs. Brown: (2) these vegetables *fresh?

Mike: Yes, of course. (3) are all fresh from the *farm.

Mrs. Brown: (4)あれらの野菜は何？

Mike: They are *sweet (5)(potato).

Sandy: I want a peach, Mom.

Mike: Sorry, Sandy. (6)今日は桃は1つも置いていないんだ。 How about some (7)(strawberry)?

Mrs. Brown: No, thank you. I want some *carrots.

Mike: (8)いくつさしあげましょう。

Mrs. Brown: I want five. And three *onions, please.

Mike: (9) that all?

Mrs. Brown: Yes, that's all.

Mike: That's five dollars and fifty cents. Thank you.

　　（注）fresh 新鮮な　farm 農場，畑　sweet potato さつまいも　carrot にんじん　onion たまねぎ

① 下線部(1)を日本語になおしなさい。

_____

② (2)(3)(9)に入る適当な語を書きなさい。

(2) (　　　　　)　(3) (　　　　　)　(9) (　　　　　)

③ 下線部(4)を英語になおしなさい。

_____

④ (5)(7)の語を適当な形にかえなさい。

(5) (　　　　)　(7) (　　　　)

⑤ 下線部(6)の英訳となるように，(　　)内に適当な語を入れなさい。

We (　　　　) (　　　　) (　　　　) peaches today.

⑥ 下線部(8)の英訳となるように，(　　)内に適当な語を入れなさい。

(　　　　) (　　　　) do you want?

19 He [She] plays 〜.

標 準 問 題 ──────────────────────────── 解答 別冊 p.21

重要 128 〉 **[He [She] plays 〜.]**

[ ]内の動詞を適当な形にかえて( )内に入れ，英文を完成しなさい。

① My uncle ( ) hard. [work] （私のおじは熱心に働きます。）

② My aunt ( ) in Osaka. [live] （私のおばは大阪に住んでいます。）

③ Emi ( ) Chinese. [study] （エミは中国語を勉強します。）

④ My brother ( ) to elementary school. [go]

（私の弟は小学校に通っています。）

> ガイド (1) 主語が3人称（「私」「あなた」以外）で単数のとき，一般動詞の語尾には **-s** または **-es** をつける。
>   ・-s をつける動詞（原則）：play<u>s</u>, like<u>s</u>, speak<u>s</u> など
>   ・-es をつける動詞：watch<u>es</u>, go<u>es</u>, teach<u>es</u>（教える）など
>   ・-y → -ies となる動詞：study → studi<u>es</u> など
>   ※この -s を「**3単現の s**」と言う。（3単現 = 3人称・単数・現在形）
> (2) 語尾の -(e)s の読み方は，名詞の複数形の語尾の -(e)s と同様。
>   likes [láiks], lives [lívz], watches [wátʃiz]

語句 ① work [wɔ́ːrk] 働く hard [háːrd] 熱心に ④ elementary [eləméntəri] school 小学校

129 〉 **[He [She] has 〜.]**

( )内に have と has のどちらかを入れなさい。

① I ( ) a racket. （私はラケットを持っています。）

② He ( ) two brothers. （彼は2人の兄弟がいます。）

③ The girl ( ) long hair. （その女の子は長い髪を持っています。）

④ Lisa and her sister ( ) a cat. （リサと妹はネコを飼っています。）

> ガイド 主語が3人称単数のときは，have の代わりに has を使う。
> I <u>have</u> a sister. （私には姉[妹]がいます。）
> Tom **has** a sister. （トムには姉[妹]がいます。）

語句 ① racket [rǽkət] ラケット ③ hair [héər] 髪

重要 130 〉 **[He [She] doesn't play [have] ~.]**

次の文を否定文にしなさい。また，その否定文を日本語になおしなさい。

① He eats breakfast.

（英文）_____

（訳）_____

② My father uses this computer.

（英文）_____

（訳）_____

③ My aunt drives a car.

（英文）_____

（訳）_____

> ガイド 主語が3人称単数のとき，否定文をつくるには don't の代わりに doesn't [does not] を使う。
> doesn't のうしろの動詞は，原形(-(e)s がつかないもとの形)にもどる。
> 〈肯定文〉I like soccer.　　→〈否定文〉**I don't like** soccer.
> 〈肯定文〉He likes soccer. →〈否定文〉He **doesn't like** soccer.
> 　　　　　　　　　　　　　　　　　　　└─3単現の s がなくなる

語句 ② use [júːz] 使う　③ drive [dráiv] 運転する

131 〉 **[Does he [she] play [have] ~? と答えの文]**

(　　)内に適当な語を入れ，英文を完成しなさい。

① (　　　　　) she (　　　　　) cakes? — Yes, she (　　　　).

　（彼女はケーキが好きですか。—はい，好きです。）

② (　　　　) your father (　　　) TV? — No, (　　　) (　　　　).

　（あなたのお父さんはテレビを見ますか。—いいえ，見ません。）

③ (　　　　　) Tom (　　　　) the key? — Yes, (　　　　) (　　　　　).

　（トムはそのかぎを持っていますか。—はい，持っています。）

> ガイド 主語が3人称単数のとき，疑問文をつくるには Do の代わりに Does を使う。うしろの動詞は，原形(-(e)s がつかない形)にもどる。答えるときも does を使う。
> 〈肯定文〉You play tennis.
> →〈疑問文〉**Do you play** tennis? — Yes, I **do**. / No, I **don't**.
> 〈肯定文〉She plays tennis.
> →〈疑問文〉**Does she play** tennis? — Yes, she **does**. / No, she **doesn't**.
> 　　　　　　　　　└─3単現の s がなくなる

語句 ① cake [kéik] ケーキ

最高水準問題 ——————————————————————— 解答 別冊 p.22

132 空所に入る適当な語句を下から 1 つ選び，記号を○でかこみなさい。

① My father sometimes (　　) lunch on Sunday.

　ア cook　　　　イ cooks　　　　ウ cooking　　　エ is cooked

　　　　　　　　　　　　　　　　　　　　　　　　　　　（兵庫・芦屋学園高）

② (　　　) this question easy?

　ア Is　　　　　イ Are　　　　　ウ Does　　　　エ Do　　　（沖縄県 改）

③ My mother (　　) a driver's license.

　ア don't have　　イ has not　　ウ doesn't have　エ doesn't has

④ A: Does your sister like listening to music?

　B: (　　) She often listens to CDs at home.

　ア Yes, she does.　イ No, she doesn't.　ウ Yes, she is.　エ No, she isn't.　（徳島県）

133 [　]内の語を適当な形にかえて，(　　)内に入れなさい。

① Kenta sometimes (　　　　) video games. [play]

② Hiroshi (　　　　) soccer games on TV. [watch]

③ Noriko sometimes (　　　　) in the library. [study]

④ Mary (　　　　) to school by bike every day. [go]　　　　（愛知・東邦高）

⑤ After dinner Tom (　　　　) his homework, plays some video games, takes a bath, and goes to bed every day. [do]　　　（埼玉・大妻嵐山高）

134 (　　)内から正しい語を選び，○でかこみなさい。

① My sister (like / likes) dogs and cats.　　　　　　（大阪・羽衣学園高）

② Does your brother (want / wants) a new CD?　　　（大阪・羽衣学園高）

③ (Is / Do / Does) his mother speak French?　　（北海道・駒沢大附苫小牧高）

難 ④ Everyone (know / knows) his name.　　　　　　（熊本・真和高 改）

解答の方針

132 ① cook [kúk] ～を料理する　② question [kwéstʃən] 問い，質問　easy [íːzi] やさしい，簡単な
　③ driver's [dráivərz] license [láisəns] 運転免許（証）　④ listen [lísn] 聞く　listen to ～ ～を聞く
　often [ɔ́fn] しばしば　at home [hóum] 家で
133 ② on TV テレビで　④ every [évri] すべての　day [déi] 日　every day 毎日　⑤ take a bath
　[bǽθ] 入浴する　go to bed [béd] 寝る
134 ③ French [fréntʃ] フランス語　④ everyone [évriwʌn] みんな

135 （　　）内に適当な1語を入れ，英文を完成しなさい。

難 ① I like soccer, but my brother (　　　　). He (　　　　) baseball.

② (　　　　) Ms. Okada teach English?

　— No, she (　　　　). She (　　　　) Japanese.

③ (　　　　) Betty have a dog? — Yes, she (　　　　). She (　　　　) two

dogs. They (　　　　) very cute.

136 2つの文がほぼ同じ内容を表すように，（　　）内に適当な語を入れなさい。

① Mariko's hair is long.

　Mariko (　　　　) (　　　　) (　　　　).

難 ② Satoshi's house is big.

　Satoshi (　　　　) (　　　　) (　　　　) big house.

137 （　　）内の指示に従って，全文を書きかえなさい。

① He uses a computer at home.（否定文に）　　　　　　　　　　　（千葉・市川高）

_____

② Masako comes to school by bus.（疑問文に）

_____

③ Do the boys clean their room?（下線部を boy にかえて）

_____

138 次の文を英語になおしなさい。

① その女の子には妹が1人と弟が2人います。

_____

② 私の兄は数学を熱心に勉強します。

_____

③ 彼には私の助け(help)が必要ですか。

_____

解答の方針

135 ① 省略された語句をおぎなって考える。

136 最初の（　　）内には一般動詞を入れる。

137 ③ 3つの語を変化させる。

138 ①「持っている」と言いかえる。　③「必要とする」と言いかえる。　help [hélp]

20 副詞

重要 139 ▷ [very, much, well など]

( )内の語を並べかえ，英文を完成しなさい。

① You (English / well / speak / very).

(あなたはとてもじょうずに英語を話します。)

_____

② My father (late / to / bed / goes). (私の父は遅く寝ます。)

_____

③ I (much / comics / very / like). (私はマンガが大好きです。)

_____

> **ガイド** (1) 動詞や形容詞などをくわしく説明する語を「副詞」と言う。
>
> sing **well**(じょうずに歌う) ／ **very** tall(とても背が高い)
>
> ※ sing very well は「とてもじょうずに歌う」。この場合は very(副詞)が well(副詞)をくわしく説明している。
>
> (2) like ～ very much「～が大好きだ」

語句 ② late [léit] 遅く ③ much [mʌtʃ] とても

140 ▷ [every ～, a little]

( )内に適当な語を入れ，英文を完成しなさい。

① We play tennis ( ) week.

(私たちは毎週テニスをします。)

② Mariko speaks French a ( ).

(マリコはフランス語を少し話します。)

③ My mother gets up ( ) ( ) ( ).

(母は毎日早く起きます。)

> **ガイド** 2つ以上の語がまとまって1つの副詞の働きをすることがある。たとえば次のようなもの。
>
> ・〈every ＋単数形の名詞〉「～ごとに，毎～」：work **every day**(毎日働く)
>
> ・a little「少し」：study **a little**(少し勉強する)

語句 ③ get up 起きる early [ə́ːrli] 早く

最 高 水 準 問 題 ────────────── 解答 別冊 p.23

141 2つの文がほぼ同じ内容を表すように，①は（　　）内に入る適当な語を下から1つ選び，記号を○でかこみなさい。②③は（　　）内に適当な語を入れなさい。

① He sings very well.

He is a (　　　) good singer.

ア well　　イ good　　ウ too　　エ very　　　　　　　（神奈川・東海大付相模高）

② Mr. Brown is a good English teacher.

Mr. Brown (　　　　) English (　　　　).　　　　　　　（大阪・羽衣学園高）

③ Today soccer is very popular in Japan.

Today a lot of Japanese people (　　　　) (　　　　) very much.　（大阪・関西大倉高）

142 （　　）内の語を並べかえ，英文を完成しなさい。

① 私たちの先生は英語をとても速く話します。

Our teacher (English / fast / speaks / very).

_____

② 私はこの物語を少し知っています。

I (a / know / story / little / this).

_____

難 ③ 彼は毎日朝早く散歩します。

He takes a (in / walk / morning / day / the / every / early).

_____

143 次の文を英語になおしなさい。

① 私はこの本が大好きです。

_____

② 彼女はとてもじょうずにピアノをひきます。

_____

解答の方針

141 ① well は「じょうずに」（副詞），good は「じょうずな」（形容詞）。　③ popular [pɑ́pjələr] 人気がある　a lot [lάt] of ～ たくさんの～

142 ③ in the morning 朝[午前中]に

21 mine, yours / Whose 〜?

重要 | 144 〉 [mine, yours, his, hers]

（　　）内から適当な語を選び，○でかこみなさい。

① Is this (you / your / yours) bike? — Yes. It's (I / my / mine).

（これはあなたの自転車ですか。—はい。それは私のです。）

② Is this Tom's dictionary? — Yes. It's (he / his).

（これはトムの辞書ですか。—はい。それは彼のです。）

③ Is that bag (you / your / yours)? — No. It's (she / her / hers).

（あのかばんはあなたのですか。—いいえ。それは彼女のです。）

> **ガイド** 「〜のもの」という意味を表す**代名詞（所有代名詞）**がある。所有格と形が似ているので注意（his は所有格と同じ形）。
>
> | 所有格 | my 私の | your あなたの | his 彼の | her 彼女の | its それの |
> |---|---|---|---|---|---|
> | 所有代名詞 | mine 私のもの | yours あなたのもの | his 彼のもの | hers 彼女のもの | — |
>
> This bag is <u>my bag</u>.
> └─mine で置きかえる（bag のくり返しをさけるため）

> **語句** mine [máin]　yours [júərz]　hers [hə́ːrz]

重要 | 145 〉 [ours, yours, theirs]

（　　）内に適当な語を入れ，英文を完成しなさい。

① That car is (　　　　　). （あの車は私たちのです。）

② Are these umbrellas (　　　　　)? （これらのかさはあなたのですか。）

③ These bags are (　　　　　). （これらのかばんは彼女たちのものです。）

> **ガイド** 所有代名詞には複数形もある。
>
> | | 単数 | | | | | 複数 | | |
> |---|---|---|---|---|---|---|---|---|
> | 〜は | I | you | he | she | it | we | you | they |
> | 〜の | my | your | his | her | its | our | your | their |
> | 〜のもの | mine | yours | his | hers | — | ours | yours | theirs |

146 〉[名詞's(～のもの)]

例にならって，同じ意味の文に書きかえなさい。

(例) This book is Tom's. (この本はトムのです。)

→ This is Tom's book. (これはトムの本です。)

① That house is Keiko's.

_____

② These shoes are my brother's.

_____

ガイド 〈名詞＋'s〉で「～のもの」の意味を表すことができる。

This book is **Tom's (book)**.

└─ book のくり返しをさけるため，Tom's だけで表す

語句 ② shoe [ʃúː] くつ

重要 147 〉[Whose ＋名詞 ～？と答え方]

空所に適当な語を入れ，英文を完成しなさい。

① (　　　　) coat is this? — It's (　　　　).

(これはだれのコートですか。―私のです。)

② (　　　　) racket (　　　　) (　　　　)? — (　　　　) my (　　　　).

(あれはだれのラケットですか。―私の妹のです。)

ガイド (1)「だれの～」とたずねるときは，〈Whose ＋名詞〉で文を始める。

This is my bag. — **Whose bag** is this?

└──────────┘ だれのバッグ　　※ whose は who の所有格

(2) 答えるときは「～のものです」という形を使う。

語句 ① coat [kóut] コート

148 〉[whose(だれのもの)]

下線部が答えとなる疑問文を書きなさい。

① This bag is my mother's.

_____

② Those shoes are my brother's.

_____

ガイド whose を単独で使うと「だれのもの」という意味になる。

・**Whose bike** is this? (これはだれの自転車ですか。)— It's mine.

・**Whose** is this bike? (この自転車はだれのものですか。)— It's mine.

最高水準問題 ——————————————————————— 解答 別冊 p.24

149 （　　）内に入る適当な語句を下から１つ選び，記号を○でかこみなさい。

① A: Whose bag is this? — B: (　　)

 ア It's Keiko's.   イ Keiko is.

 ウ Keiko does.   エ She is Keiko.   （栃木県）

② This is my pen. It is not (　　).

 ア her イ his ウ your   （京都・聖母学院高）

③ A: (　　) book is that? — B: I think it is Tim's.

 ア What イ Whose ウ Whom エ Which （栃木・作新学院高）

150 [　　]内の語を適当な形にかえて（　　）内に入れなさい。

① This cell phone is (　　　　). [Tom]

② That is Ken's book and this is (　　　　). [I]   （東京・城北高）

③ I have an old computer. (　　　　) is old, too. [you]

151 下線部が誤っているものを１つ選び，記号を○でかこみなさい。

A: ア Whose books イ are those on the table?

B: ウ They are not エ my.   （神奈川・鎌倉高）

152 （　　）内に適当な語を入れ，対話を完成しなさい。

① A: Is this John's bike?

 — B: Yes, it's (　　　　).

② A: Are these shoes your children's?

 — B: Yes, (　　　　) are (　　　　).

③ A: (　　　　) dictionary (　　　　) this?

 — B: (　　　　) Manabu's.

難 ④ A: Our house is a little small. How about (　　　　)?

 — B: Ours (　　　　), too.

解答の方針

152 ④ 省略された語句をおぎなって考える。How about ~ ? は「~はどうですか。」の意味。

153 2つの文がほぼ同じ内容を表すように，（　　）内に適当な語を入れなさい。

① Are these your books?

Are (　　　　　) books (　　　　　)?　　　　　　　　　　　　　　　　（愛知・東邦高）

② My car is near the bridge.

The car near the bridge is (　　　　　).　　　　　　　　　　（埼玉・城西大付川越高）

③ This is her purse.

This purse (　　　　　) (　　　　　).

④ Whose textbook is this?

(　　　　　) (　　　　　) (　　　　　) textbook?

⑤ These are not their cars.

These cars (　　　　　) (　　　　　).

難 ⑥ This house belongs to Mr. White.

This house (　　　　　) Mr. White's.

154 次の語を並べかえて，英文を完成しなさい。

① テーブルの上のライターは私の父のものです。

my / the / the / is / lighter / table / father's / on / (.)

_____

② 箱の中のこの人形はだれのものですか。

doll / box / the / this / is / in / whose / (?)

_____

155 次の文を英語になおしなさい。

① これらはだれのシャツですか。—私の兄のです。

_____

② 机の上の本はあなたのですか。

_____

解答の方針

153 ② near [níər] 〜の近くに[の]　③ purse [pə́ːrs] さいふ　⑥ belong [bilɔ́(ː)ŋ] to 〜 〜に属する，〜
のものである

154 ① lighter [láitər] ライター

155 ② 主語が長いので注意。

22 目的格

重要 156 〉[me, you, him など]

( )内に適当な語を入れて，英文を完成しなさい。

① I love ( ). （私はあなたを愛しています。）

② You love ( ). （あなたは私を愛しています。）

③ She loves ( ). （彼女は彼を愛しています。）

④ He loves ( ). （彼は彼女を愛しています。）

⑤ We love ( ). （私たちは彼らを愛しています。）

⑥ They love ( ). （彼らは私たちを愛しています。）

> **ガイド** 「～を[に]」にあたる語は「目的語」。その位置に置く名詞・代名詞の形を「目的格」と言う。
>
> | | 単数 | | | | | 複数 | | |
> |---|---|---|---|---|---|---|---|---|
> | 主格 | I | you | he | she | it | we | you | they |
> | 所有格 | my | your | his | her | its | our | your | their |
> | 目的格 | me | you | him | her | it | us | you | them |
> | 所有代名詞 | mine | yours | his | hers | — | ours | yours | theirs |
>
> ※この表が，英語の人称代名詞のすべての基本的な形を示している。
>
> ※名詞の目的格は，もとの形のままでよい。（例：I love <u>Tom</u>.）

157 〉[前置詞(for, with など)＋目的格]

下線の語句を適当な1語の代名詞に置きかえて，全文を書きなさい。

① I play tennis with <u>Lisa</u>.

_____

② My mother cooks dinner for <u>my sister and me</u>.

_____

③ He is kind to <u>his sons and daughters</u>.

_____

> **ガイド** 前置詞の後には名詞・目的格の代名詞を置く。（名詞のときはそのままの形でよい）
>
> I study <u>with</u> <u>him</u>. （私は彼といっしょに勉強します。）
> 　　　　　前置詞 目的格

語句 ② dinner [dínər] 夕食，ディナー ③ son [sʌ́n] 息子 daughter [dɔ́ːtər] 娘

最高水準問題 ──────────────────────── 解答 別冊 p.24

158 ( )内に入る適当な語句を下から１つ選び，記号を○でかこみなさい。

① This is my notebook. It isn't (　　　).

　　ア he　　イ his　　ウ him　　エ it

② Do you know her brothers? ― Yes, I do. I know (　　　).

　　ア her　　イ him　　ウ his　　エ them

③ Mary is my friend. I come to school with (　　　).

　　ア me　　イ your　　ウ she　　エ her

④ My uncle sometimes gives a present to (　　　).

　　ア I　　イ me　　ウ my　　エ mine

難 ⑤ Takashi is a friend of (　　　). He is good at soccer.

　　ア I　　イ my　　ウ me　　エ mine　　　　　　　（大阪信愛女学院高）

⑥ This question is too difficult for (　　　).

　　ア we　　イ our　　ウ us　　エ ours

159 ( )内に適当な語を入れ，英文を完成しなさい。

① I don't know that man. Do you know (　　　　)?

② I have two dictionaries. (　　　　) are very useful.

③ These are my dictionaries. I use (　　　　) every day.

④ She studies English hard. She speaks (　　　　) very well.

160 次の文を英語になおしなさい。

① 彼には彼女が必要だが，彼女には彼は必要ではない。

_____

② 私の父は彼らといっしょに働いています。

_____

③ お母さんは私のために昼食をつくってくれます。

_____

解答の方針

158 ③ come [kám] 来る　④ give [gív] 与える，くれる　present [préznt] プレゼント　⑤ of [əv/ʌv] 〜の
159 ② useful [júːsfl] 役に立つ
160 ① 動詞は need を使う。　②「働く」は work。

⏱ 時間 50 分　得点
🎯 目標 70 点　　／100

---

1 A：B＝C：Dの関係になるよう，Dの空所に適当な語を入れなさい。　(各1点，計4点)

	A	B	C	D
①	we	ours	he	(　　　　)
②	I	mine	they	(　　　　)
③	like	likes	cry	(　　　　)
④	slow	fast	late	(　　　　)

(北海道・札幌光星高)

(広島・崇徳高)

---

2 下線部の発音が他と異なるものを1つ選び，記号を○でかこみなさい。　(各1点，計3点)

① ア shoes　イ eyes　ウ walks　エ stays　　　　(大阪・履正社高)

② ア goes　イ does　ウ washes　エ loves

③ ア tells　イ buys　ウ runs　エ plays　オ thinks　(千葉・市川高)

---

3 (　　)内に入る適当な語を下から1つ選び，記号を○でかこみなさい。　(各2点，計6点)

① This bicycle is mine, not (　　　).

　ア you　イ your　ウ yours　　　　(大阪・履正社高)

② A: Where is Kenji? — B: I saw (　　　) in the library.

　ア he　イ his　ウ her　エ him　　　　(兵庫・芦屋学園高)

③ Please drive a (　　　) slowly.

　ア not　イ some　ウ every　エ little

---

4 (　　)内に適当な語を入れて英文を完成しなさい。文字が与えられているときは，その文字で始まる語を入れなさい。　(各2点，計8点)

① A: This is a nice bike. Whose bike is it?

　B: It's (m　　　　).　　　　(愛媛県 改)

② A: Is this dictionary (　　　　) or Mike's?

　B: It's (　　　　). My dictionary is in my bag.

③ A: Do you know these three books?

　B: Yes. I have all of (　　　　).

④ A: (　　　　) your brother kind to you?

　B: Yes. He (h　　　　) (　　　　) with my homework.

5 2つの文がほぼ同じ内容を表すように，（　　）内に適当な語を入れなさい。　（各2点，計6点）

① That is my bicycle.

That bicycle (　　　　) (　　　　).　（高知・土佐女子高）

② Every child in his family goes to school by bus.

All the (　　　　) in his family (　　　　) to school by bus.　（茨城・茗溪学園高）

③ Midori is a good singer.

Midori (　　　　) (　　　　).

6 （　　）内の指示に従って書きかえなさい。　（各3点，計12点）

① I love my parents.（I を Nancy にかえて）

_____

② Do the girls like cooking?（girls を girl にかえて）

_____

③ That is my uncle's house.（下線部が答えとなる疑問文に）

_____

④ The green car is my father's.（下線部が答えとなる疑問文に）

_____

7 （　　）内の語句を並べかえて，英文を完成しなさい。　（各3点，計6点）

① A: Which notebook is yours?

B: The (mine / desk / is / on / one / the).　（山形県）

_____

② A: (many / city / high schools / your / does / how) have?

B: It has five high schools.　（栃木・作新学院高）

_____

8 次の文を日本語になおしなさい。　（各4点，計8点）

① These are exciting novels. I read them every night.

_____

② Our music teacher sometimes sings English songs for us.

_____

9 次の文を英語になおしなさい。　　　　　　　　　　　　　　　　（各4点，計8点）

① 私の姉は熱心に数学を勉強します。

_____

② 池田先生は私たちに理科を教えています。

_____

10 次の表は，中学1年生のケンの，ある1週間の予定です。これを見て，下の問いに答えなさい。
　　　　　　　　　　　　　　　　　　　　　　　（①3点，②④各2点，③4点，計17点）

月	15:30〜17:30　学校でサッカー部の練習
火	15:30〜17:00　図書館で勉強
水	16:00〜18:00　英語教室
木	15:30〜17:30　学校でサッカー部の練習
金	16:00〜17:30　友だちと買い物
土	14:00〜17:30　学校でサッカー部の練習
日	1日中家でくつろぐ

(1)Ken is a member of the soccer team at his school.　He (2)(　　　) soccer three times this week.　He (A)[　　　] on Tuesday.　On Wednesday he (3)(　　　) to an English class after school.　On Friday he (4)(　　　) shopping with his friend.　On Sunday he (B)[　　　] go to school.　He (5)(　　　) at home all day.

① 下線部(1)を日本語になおしなさい。

_____

② (2)〜(5)の(　　　)内に入る語を下から1つずつ選び，必要に応じて形をかえて書きなさい。
　同じ語をくり返し使ってもかまいません。

　(2) (　　　　　)　　(3) (　　　　　)　　(4) (　　　　　)　　(5) (　　　　　)

　do / go / practice / stay / study

③ (A)の[　　　]内に適当な語句（何語でもよい）を入れて，英文を完成しなさい。

　He _____ on Tuesday.

④ (B)の[　　　]内に入る1語を書きなさい。

　(　　　　　)

11 田中家の家族関係を示す絵を見て，下の問いに答えなさい。 (各2点，計22点)

Masao(73)　Hideko(68)

Kazuo(50)　Yuki(45)　Shigeru(43)　Emiko(40)
[doctor]　[nurse]　[lawyer]　[designer]

Hiroshi　Kenji　Taro　Takuya　Rika
(22)　(22)　(17)　(18)　(16)

My name is Taro.　I'm a high school student.　I have two (1)(　　　　), Hiroshi and Kenji.　They are (2)(　　　　) students.　My father is a doctor, and my mother is a nurse.　They work at the same (3)(　　　　).

My (4)(　　　　) is a lawyer, and his (5)(　　　　) is a designer.　(A)[They] two children are both high school students.　They are my (6)(　　　　).　I sometimes visit (B)[they].　They sometimes come to my house and stay with (C)[we], too.　My mother's father's name is ☐.　He has five (7)(　　　　).

① (1)〜(7)に入る語を下から1つずつ選びなさい。ただし，必要に応じて形を変えること。使わない語も含まれています。

(1) (　　　　)　(2) (　　　　)　(3) (　　　　)

(4) (　　　　)　(5) (　　　　)　(6) (　　　　)

(7) (　　　　)

aunt	brother	child	college	cousin	grandchild
hospital	sister	son	uncle	wife	

② (A)〜(C)の語を適当な形にかえなさい。

(A) (　　　　)　(B) (　　　　)　(C) (　　　　)

③ ☐に入る人名を書きなさい。(　　　　)

23 命令文 / Let's ～.

標 準 問 題 ——————————————————————————————— (解答) 別冊 p.26

重要 | 161 〉[～しなさい]
次の文を利用して，(　　)内の意味を表す文をつくりなさい。

① You come in. (入って来なさい。)

———————————————————————————————————————

② You wash the dishes. (お皿を洗いなさい。)

———————————————————————————————————————

③ You come home early. (早く家に帰って来なさい。)

———————————————————————————————————————

④ You help me with my homework. (ぼくの宿題を手伝ってよ。)

———————————————————————————————————————

> ガイド | 「～しなさい」と相手に命令したり頼んだりする文(命令文)は，動詞の原形で始める。
> You study hard. (あなたは熱心に勉強します。)→ Study hard. (熱心に勉強しなさい。)

語句 | ① come in 入って来る　② wash [wáʃ] 洗う　dish [díʃ] 皿　③ home [hóum] 家へ　come home 家へ帰って来る　④ help [hélp] 手伝う，助ける　help A with B A(人)の B(仕事など)を手伝う

| 162 〉[please，呼びかけの語]
意味の違いに注意して，各文を日本語になおしなさい。

① John cleans this room every day.

———————————————————————————————————————

② John, clean this room every day.

———————————————————————————————————————

③ Please clean this room every day, John.

———————————————————————————————————————

> ガイド | (1)「～してください。」と頼むときは，命令文の最初か最後に please をつける。
> **Please** come in. = Come in, **please**. (入ってください。)
> 　　　└コンマは不要　　　　└前にコンマ
> (2) 相手に名前で呼びかけるときは，命令文の最初か最後に相手の名前を置く。
> **Tom**, come in. = Come in, **Tom**. (入りなさい，トム。)
> 　　　└うしろにコンマ　　　└前にコンマ

語句 | ① clean [klíːn] そうじする，きれいにする　room [rúːm] 部屋

重要 163〉[〜してはいけない]

例にならって,「〜してはいけない。」という意味の文をつくりなさい。

(例) Come in. → Don't come in. (入ってはいけません。)

① Stand up. _____

② Sit down. _____

> **ガイド** 「〜してはいけない。」という意味を表すには,命令文の前に Don't をつける。

> **語句** ① stand [sténd] 立つ up [ʌ́p] 起きて,立って stand up 立ち上がる ② sit [sít] すわる down [dáun] 下へ sit down すわる,腰をおろす

164〉[Be で始まる命令文]

例を参考にして,( )内に適当な語を入れて,英文を完成しなさい。

(例) You are quiet. → Be quiet. (静かにしなさい。)

① ( ) careful, Emi. (気をつけなさい,エミ。)

② Be quiet, ( ). (静かにしてください。)

③ ( ) ( ) late. (遅れてはいけません。)

④ ( ) ( ) ( ) afraid. (こわがらないでください。)

> **ガイド** (1) be 動詞(am, are, is)の原形は be。
> (2) 命令文は動詞の原形で文を始めるので,**be 動詞**を使う文から命令文をつくるときは〈**Be** ＋形容詞〉の形になる。

> **語句** (例) quiet [kwáiət] 静かな ① careful [kéərfl] 注意深い ④ afraid [əfréid] こわがっている

重要 165〉[Let's 〜. の文]

( )内に適当な語を入れて,英文を完成しなさい。

① ( ) practice tennis. (テニスの練習をしよう。)

② ( ) sing together. — Yes, ( ).

　(いっしょに歌おう。―うん,そうしよう。)

③ ( ) go to the movies. — No, ( ) ( ).

　(映画を見に行こう。―いや,やめておこうよ。)

> **ガイド** (1)「〜しよう」と相手を誘うときは,〈**Let's** ＋動詞の原形〉で文を始める。
> (2) 賛成するときは Yes, let's.,賛成しないときは No, let's not. で答える。

> **語句** let's [léts] ① practice [prǽktis] 練習する ② together [təɡéðər] いっしょに ③ movie [múːvi] 映画 go to the movies 映画を見に行く

最 高 水 準 問 題 ——————————————————— 解答 別冊 p.27

166 （　　）内に入る適当な語句を下から１つ選び，記号を○でかこみなさい。

① A: Do you remember the way to my house?

　 B: (　　　　). So, please tell me again.

　 ア Yes, I do　　イ Yes, please　　　ウ No, I don't　　エ No, thank you

（埼玉・城西大付川越高）

② (　　　　) home.　Stay here.

　 ア You go　　　イ You don't go　　　ウ Do you　　　　エ Don't go

③ (　　　　) a good boy, Ken.

　 ア Is　　　　　イ Be　　　　　　　ウ Do

（大阪・履正社高）

④ Takeshi, (　　　) up!

　 ア get　　　　　イ gets　　　　　　ウ he get

⑤ A: Let's play basketball in the gym!

　 B: (　　　) Let's play!

　 ア Great!　　　イ Never!　　　　　ウ I'm sorry.　　　エ I don't like it.

（栃木県）

難 ⑥ A: Let's go to Ueno Zoo next weekend.

　 B: Yes. (　　　　)

　 ア How's everything?　　　　　　イ What's up?

　 ウ Where are you?　　　　　　　エ Why not?

（東京・日本大第二高）

難 **167** ２つの文がほぼ同じ内容を表すように，①は（　　　）内に入る適当な語を下から１つ選んで記号
　　　　を○でかこみなさい。②は（　　　）内に適当な語を入れなさい。

① Be quiet in this room.

　 Don't make a (　　　) in this room.

　 ア box　　イ noisy　　ウ noise　　エ laugh

（神奈川・東海大付相模高）

② Be quiet in the classroom.

　 (　　) (　　　) noisy in the classroom.

（東京・駒込高）

解答の方針

166 ① remember [rimémbər] 覚えている　way [wéi] 道（順）　tell [tél] ～に話す，伝える　again [əgén]
　　　再び　② stay [stéi] とどまる，滞在する　here [híər] ここに［で，へ］　⑤ gym [dʒím] 体育館
　　　⑥ zoo [zúː] 動物園　next [nékst] 次の　weekend [wíːkend] 週末

167 ① noisy [nɔ́izi] さわがしい　noise [nɔ́iz] 音　laugh [lǽf] 笑う

168 次の文を日本語になおしなさい。

① Don't open the window.

_____

② Let's change the subject.

_____

難 ③ Let me introduce myself.

_____

169 （　　）内に適当な語を入れて英文を完成しなさい。

① 皆さん，聞いてください。

（　　　　　）, everyone.

② ちょっと待ってください。

（　　　　） a minute, （　　　　　）.

③ このボタンにさわらないでください。

（　　　　） （　　　　　） touch this button.

④ 駅まで歩いて行きましょう。―そうしましょう。

（　　　　） （　　　　　） to the station. — Yes, （　　　　　）.

⑤ テレビゲームをしようよ。―いや，やめておこう。

（　　　　） （　　　　　） a video game. — No, （　　　　） not.

170 次の文を英語になおしなさい。

① いっしょにおどりましょう。

_____

② エミ，宿題をしなさい。

_____

③ 私の辞書を使ってください。

_____

解答の方針

168 ① window [wíndou] 窓　② change [tʃéindʒ] 〜を変える　subject [sʌ́bdʒekt] 話題，テーマ
　　③ introduce [intrəd(j)úːs] 〜を紹介する　myself [maisélf] 私自身（を）

169 ② minute [mínət] 分　a minute 少しの間　③ touch [tʌ́tʃ] 〜にさわる　button [bʌ́tn] ボタン
　　④ station [stéiʃən] 駅

24 can

重要 171 [can ＋動詞の原形]

（　　）内に入る正しい語句を下から選び，記号を○でかこみなさい。

① I (　　　) swim fast.（私は速く泳ぐことができます。）

　　ア am　　　　　イ do　　　　　ウ can

② He (　　　) sandwiches.（彼はサンドイッチをつくることができます。）

　　ア makes can　　イ can make　　ウ is can make

③ She (　　　) English songs.（彼女は英語の歌を歌うことができます。）

　　ア can sing　　　イ can sings　　ウ cans sing

ガイド　(1) can（～することができる）など，動詞の前に置き，さまざまな意味を加える語を「**助動詞**」と言う。

(2) 助動詞のうしろには動詞の原形を置く。また，助動詞には「3単現のs」はつかない。

He **can swim** [× swims].（彼は泳ぐことができる。）

語句　① swim [swím] 泳ぐ　② sandwich [sǽndwitʃ] サンドイッチ

重要 172 [can't [cannot] ～]

次の文を利用して「～することができない。」という文をつくり，完成した文を日本語になおしなさい。

① I use this software.

　　（英文）_____

　　（訳）_____

② We fly in the sky.

　　（英文）_____

　　（訳）_____

③ My little brother sleeps alone.

　　（英文）_____

　　（訳）_____

ガイド　〈肯定文〉He **can** swim.（彼は泳ぐことができる。）

〈否定文〉He **can't [cannot]** swim.（彼は泳ぐことができない。）

　　　　× He can not swim. / ×He doesn't can swim.

　　　　※短縮形の can't または cannot を使う。can not とは書かない。

語句　② fly [flái] 飛ぶ　sky [skái] 空　③ sleep [slíːp] 眠る　alone [əlóun] ひとりで

173 〉 [Can ～？と答え方]

( )内に適当な語を入れて英文を完成しなさい。

① ( ) you dance well? — Yes, I ( ).

(あなたはじょうずに踊ることができますか。—はい，できます。)

② ( ) she ( ) a car? — No, she ( ).

(彼女は車を運転することができますか。—いいえ，できません。)

③ ( ) you ( ) to the party? — Yes, ( ) ( ).

(あなたたちはパーティーに来られますか。—ええ，行けます。)

ガイド 〈肯定文〉She can sing well.（彼女はじょうずに歌うことができます。）

〈疑問文〉**Can she** sing well?（彼女はじょうずに歌うことができますか。）

— Yes, she can.（はい，できます。）

/ No, she can't [cannot].（いいえ，できません。）

---

174 〉 [What [Who, Where] can ～？の疑問文]

下の語を並べかえ，英文を完成しなさい。

① eat / we / what / can / (?) （私たちは何を食べることができますか。）

_____

② this / who / song / can / sing / (?) （だれがこの歌を歌うことができますか。）

_____

③ can / the / where / I / ticket / get / (?)

（私はどこでそのチケットを手に入れることができますか。）

ガイド 疑問詞（what, who, where など）で始まる文中でも，can を使うことができる。

Who **can** come?（だれが来られますか。）— I **can**.（私が行けます。）

語句 ③ where [hwéər] どこで[へ，に] ticket [tíkət] チケット，切符 get [gét] ～を手に入れる，買う

---

175 〉 [「～してもよい」の意味を表す can]

( )内に適当な語を入れて，英文を完成しなさい。

① You ( ) go home.（あなたは家へ帰ってもよろしい。）

② ( ) ( ) sit here? — Yes, you ( ).

（ここにすわってもいいですか。—はい，いいですよ。）

ガイド can は「～できる」→「～してもよい」（許可）の意味でも使う。

176 次の問いに対する答えとして適当なものを下から 1 つずつ選び，（　　）内に記号を書きなさい。

① Do you use the Internet every day?　　　（　　）

② Can you write an e-mail in English?　　　（　　）

③ Can I join your party?　　　（　　）

④ Who can answer this difficult question?　　　（　　）

⑤ What can we get at the market?　　　（　　）

⑥ Where can I get a pamphlet?　　　（　　）

ア You can get everything.　　イ Yes, I do.

ウ Go to the entrance.　　エ No, I can't.

オ Linda can.　　カ Sure.

177 次の英文は，それぞれある語について説明したものです。その説明に相当する，（　　）内の文
字で始まる語を答えなさい。　　　　　　　　　　　　　　　　　　　　　　　　　　（高知学芸高）

① You can play tennis with it.　　　（r　　　　　）

② You can go on the water in it.　　　（b　　　　　）

③ You can find a word's meaning in it.　　　（d　　　　　）

178 下線部が答えとなる疑問文を書きなさい。

① <u>Eric</u> can play the guitar.

_____

② Eric can play <u>the guitar</u>.

_____

③ Eric can play the guitar <u>on Sundays</u>.

_____

176 ① the Internet [íntərnet] インターネット　③ join [dʒɔ́in] ～に加わる　⑤ market [mάːrkit] 市場
　　⑥ pamphlet [pǽmflət] パンフレット　ア everything [évriθiŋ] すべてのもの　ウ entrance [éntrəns]
　　入り口　カ sure [ʃúər] 確かな，（返事で）わかりました，もちろん
177 ③ word [wɔ́ːrd] 語　meaning [míːniŋ] 意味

難 **179** ( )内に適当な語を入れて，対話を完成しなさい。

A: Can you use this software?

B: No, I ① ( ). ② ( ) you?

A: Yes, ③ ( ) ( ).

180 ( )内から適当な語句を選んで○でかこみ，電話の対話を完成しなさい。

A: Hello. ① (I am / This is) Ichiro. ② (Do / Can) I speak to Kaori?

B: I'm sorry, but she is ③ (in / out) right now. ④ (Do / Can) I take a message?

A: ⑤ (Yes / No), thank you. I can see her later.

181 2つの文がほぼ同じ内容を表すように，( )内に適当な語を入れなさい。

① They can play baseball very well.

They are very good baseball ( ). （北海道・函館ラ・サール高）

② My sister is good at cooking.

My sister ( ) cook well.

182 次の文を英語になおしなさい。

① そのアメリカ人の男の子は日本語が読めません。

_____

② あなたはこの絵の中に何が見えますか。

_____

③ このケーキ(cake)を食べてもいい？—いけません。

_____

難 ④ 私たちを手伝ってもらえますか。

_____

難 ⑤ 空には星(star)が1つも見えません。

_____

解答の方針

179 省略された語句をおぎなって考える。

180 speak to ～ ～と話をする　right [ráit] now [náu] ちょうど今　take a message [mésidʒ] 伝言を受け取る　see ～に会う　later [léitər] あとで

182 ②⑤「見える」は see。　④「手伝う」は help。

25 時刻の表し方

標準問題 ──────────────────────────────── (解答) 別冊 p.29

重要 | 183 〉[時刻の表し方]

(　　　)内に適当な語を入れて，英文を完成しなさい。

① (　　　　　　) is seven (　　　　　　). (7時です。)

② (　　　　　　) five (　　　　　　). (5時30分です。)

③ (　　　　　　) time is (　　　　　　)? (何時ですか。)

④ I get up (　　　　　) six. (私は6時に起きます。)

> **ガイド** (1) 時刻は〈It is ～.〉で表す。「(きっかり)～時」は〈数字 + o'clock [əklák]〉とも言う。
> (2) 時刻は「時＋分」の順に数字を並べる。
> (3) 「何時」は what time。
> (4) 「～時に」の「に」に当たる前置詞は at。

| 184 〉[時間の表現と前置詞]

①～⑤は(　　)内に適当な語を入れて，英文を完成しなさい。⑥～⑩は(　　)内に入る適当な語を，下の〔　　〕内から1つずつ選びなさい。

① She works (　　　　　) the morning. (彼女は午前中に働きます。)

② I don't go out (　　　　　) night. (私は夜には外出しません。)

③ I walk (　　　　) breakfast. (私は朝食の前に散歩をします。)

④ We watch TV (　　　　　) dinner. (私たちは夕食のあとでテレビを見ます。)

⑤ I study (　　　　　) three hours at home. (私は家で3時間勉強します。)

⑥ I go to bed at (　　　　　) eleven. (私はだいたい11時ごろ寝ます。)

⑦ She (　　　　　) studies English. (彼女はいつも英語を勉強しています。)

⑧ I (　　　　　) walk in this park. (私はしばしばこの公園を歩きます。)

⑨ I (　　　　　) get up at six. (私はふだん6時に起きます。)

⑩ I (　　　　　) read comics. (私はときどきマンガを読みます。)

〔 about / always / often / sometimes / usually 〕

> **ガイド** 時を表す文では，次のような副詞がよく使われる。
>
> now [náu] 今　　　　　　　just [dʒʌ́st] ちょうど
> about [əbáut] およそ　　　always [ɔ́:(l)weiz] いつも
> often [ɔ́fn] しばしば　　　usually [jú:ʒuəli] ふだん
> sometimes [sʌ́mtaimz] ときどき

最 高 水 準 問 題 ——————————————— 解答 別冊 p.29

難 185 2つの文の意味がほぼ同じになるように，（　）内に適当な語を入れなさい。

① It's half past ten.

It's (　　　　　) (　　　　　　).

② I study English for half an hour at home.

I study English for (　　　　　) minutes at home.

186 （　）内から正しい語を選び，○でかこみなさい。

① My mother always gets up early (at / in / on) the morning.　　　（大阪・羽衣学園高改）

② The party starts (at / in / on) noon.

③ We walked in the town (at / for / to) two hours.

④ It's (at / sometimes / just) nine o'clock now.

⑤ What time (is / do / does) the game start?

187 （　）内に入る適当な語を下から1つ選び，記号を○でかこみなさい。

① One hour is sixty (　　　).

ア minutes　　イ seconds　　ウ years　　エ months　　　（石川・金沢工業高専）

難 ② The game ended (　　　) nine twenty.

ア on　　　　　イ in　　　　　ウ for　　　　　エ around

188 次の文を英語になおしなさい。

① 夕食の前に手を洗いなさい。

_____

② あなたはふだん何時に寝ますか。

_____

③ 私はよく私の犬をあの公園へ連れて行きます。

_____

解答の方針

185 ① half [hǽf] 半分，（1時間の半分＝）30分　past [pǽst] ～を過ぎて

186 ② start [stάːrt] 始まる　③ town [táun] 町

187 ① second [sékənd] 秒　year [jíər] 年　month [mʌ́nθ] 月　② end [énd] 終わる　around [əráund]
　　～ごろ，およそ～

188 ①「～の前に」は before。　②「ふだん」は usually。　③「よく」は often。「連れて行く」は take。

26 序数・曜日・月などの表し方

重要 189 [序数と曜日・月]

次の日付を英語で書きなさい。

① 1月1日 (　　　　　　　　　)　　② 2月3日 (　　　　　　　　　)

③ 4月15日 (　　　　　　　　　)　　④ 10月22日 (　　　　　　　　　)

ガイド 「～番目(の)」の意味を表す語を「序数詞」と言う。**月日は「月の名前＋序数詞」で表す。**

序数詞・暦など				
1番目	first [fə́ːrst]	1月	January [dʒǽnjueri]
2番目	second [sékənd]	2月	February [fébrueri]
3番目	third [θə́ːrd]	3月	March [mɑ́ːrtʃ]
4番目	fourth [fɔ́ːrθ]	4月	April [éiprəl]
5番目	fifth [fífθ]	5月	May [méi]
6番目	sixth [síksθ]	6月	June [dʒúːn]
7番目	seventh [sévnθ]	7月	July [dʒulái]
8番目	eighth [éitθ]	8月	August [ɔ́ːgəst]
9番目	ninth [náinθ]	9月	September [septémbər]
10番目	tenth [ténθ]	10月	October [ɑktóubər]
11番目	eleventh [ilévnθ]	11月	November [nouvémbər]
12番目	twelfth [twélfθ]	12月	December [disémbər]

190 [時の表現と前置詞]

(　　　)内に適当な語を入れて，英文を完成しなさい。何も入れなくてよいときは×を書きなさい。

① We have a festival (　　　　　) August.（8月にはお祭りがあります。）

② We have a test (　　　　　) May 20.（5月20日にテストがあります。）

③ (　　　　) very cold (　　　　　) this morning.（今朝はとても寒いです。）

④ We have an English test (　　　　　) next week.（私たちは来週英語のテストがあります。）

ガイド in ＋季節・月「～に」／ on ＋曜日・日付「～に」

春	spring [spríŋ]	秋	fall [fɔ́ːl] /autumn [ɔ́ːtəm]
夏	summer [sʌ́mər]	冬	winter [wíntər]

(1) **it** は，時・天気・寒暖・明暗などを表す文の主語として使われる。「それ」とは訳さない。

(2) **this** morning(今朝)や **next** year(来年)などの前には前置詞はつけない。

語句 ① festival [féstəvl] 祭り　② test [test] テスト　③ cold [kóuld] 寒い　this morning 今朝
④ next week 来週

最 高 水 準 問 題 ————————————————————————————— 解答 別冊 p.30

191 （　　）内に入る適当な語句を下から１つ選び，記号を○でかこみなさい。

① Thursday comes after (　　　).

　　ア Sunday　　イ Monday　　ウ Wednesday　　エ Friday　　　　　（広島・崇徳高）

② (　　　) still dark. I want to sleep more.

　　ア This is　　イ Here is　　ウ Time is　　エ It is　　　　　　（栃木・作新学院高）

難 ③ We have a meeting (　　　) the morning of January 20.

　　ア in　　　　　イ on　　　　　ウ at　　　　　エ for

④ She goes shopping (　　　) Sunday.

　　ア in　　　　　イ at　　　　　ウ every　　　　エ on every

192 （　　）内に適当な語を入れ，英文を完成しなさい。文字が与えられているときは，その文字で始まる語を入れなさい。

① A: What month comes soon after December?

　　B: (J　　　　　) does.　　　　　　　　　　　　　　　　　　（奈良・天理高）

② May is the (　　　　　　) month of the year.　　　　　　（神奈川・法政大第二高）

③ "A" is the first letter of the alphabet. "B" is the (　　　　　　), and "C" is the third.　　　　　　　　　　　　　　　　　　　　　　　　（茨城・茗溪学園高）

④ A: (　　　　　) day of the (　　　　　) is it today?

　　B: It's Friday.　　　　　　　　　　　　　　　　　　（広島・近畿大附福山高）

193 ①の（　　）内の語を並べかえて，英文を完成しなさい。②の文は英語になおしなさい。

① 東京から大阪までどのくらい距離がありますか。

How (to / from / it / is / far / Tokyo) Osaka?

_____

② 来月は修学旅行(school trip)があります。

_____

解答の方針

191 still [stil] （今も）なお，まだ　dark [dɑːrk] 暗い　sleep [sliːp] 眠る　more [mɔːr] もっと（多く）
　　③ meeting [míːtiŋ] 会合，会議　④ go shopping [ʃápiŋ] 買い物に行く
192 ① soon [súːn] after ～ ～のすぐ後に　③ letter [létər] 文字　alphabet [ǽlfəbet] アルファベット
193 ① far [fáːr] 遠い

27 年齢・身長の表し方

重要 194 [年齢のたずね方と答え方]

例にならって，「…は～歳です」という文をつくりなさい。

(例)　　　　　①　　　　　　②　　　　　　③

Mr. James(48)　　Naomi(13)　　my grandmother(72)　　my grandfather(85)

(例) Mr. James is forty-eight years old.

① _____

② _____

③ _____

> ガイド　主語＋be 動詞＋数字(＋years old)．「○○は～歳です。」
>
> | 数字
(60～100) | 60 | sixty [síksti] | 101 | a hundred (and) one |
> |---|---|---|---|---|
> | | 70 | seventy [sévnti] | 123 | a hundred (and) twenty-three |
> | | 80 | eighty [éiti] | 200 | two hundred |
> | | 90 | ninety [náinti] | 1,000 | a thousand [θáuznd] |
> | | 100 | a hundred [hándrəd] | 1,500 | a thousand (and) five hundred |

語句　② grandmother [grǽndmʌðər] 祖母　③ grandfather [grǽndfɑːðər] 祖父

195 [年齢・身長などのたずね方]

(　)内に適当な語を入れて，英文を完成しなさい。

① (　　　　) (　　　　) are you? ― (　　　　) fourteen.

(あなたは何歳ですか。―14 歳です。)

② (　　　　) (　　　　) is Ken? ― He is 165 centimeters tall.

(ケンの身長はどのくらいですか。―165 センチです。)

③ (　　　　) (　　　　) is this bridge? ― It's 500 meters.

(この橋の長さはどのくらいですか。―500 メートルです。)

> ガイド　主語＋be 動詞＋数字＋old [tall, long]．「○○は～の年齢[背の高さ，長さ]です。」
>
> **How old [tall, long]** ＋be 動詞＋主語？「○○はどのくらいの年齢[背の高さ，長さ]ですか。」

語句　② centimeter [séntəmiːtər] センチメートル　③ bridge [brídʒ] 橋　meter [míːtər] メートル

最 高 水 準 問 題

解答 別冊 p.30

196 (　　)内に入る適当な語を，下から１つずつ選びなさい。

① A: How (　　　　　) is your father? — B: He is 42.

② A: How (　　　　　) is your brother? — B: About 6 feet.

③ A: How (　　　　　) is this? — B: It's 1,200 yen.

④ A: How (　　　　　) hours do you study at home? — B: For two hours.

⑤ A: How (　　　　　) do you stay here? — B: For a week.

〔 long / many / much / old / tall 〕

197 次の問いの答えとなるように，(　　)内の意味を伝える文をつくりなさい。ただし数字は英語のつづりで書くこと。

① How old is your mother?（39 歳）

_____

② How many brothers does Tom have?（2 人）

_____

③ How much money do you need?（3 千円）

_____

④ How tall is your sister?（156 センチ）

_____

⑤ How high is that mountain?（2,530 メートル）

_____

198 次の文を英語になおしなさい。

① この赤ん坊は生後 6 か月です。

_____

🎐 ② あなたの学校は創立何年ですか。—15 年です。

_____

解答の方針

196 ② feet（フィート：単数形は foot）は長さの単位で，1 フィートは約30cm。　③ yen [jén] 円

198 ①② どちらも「〜歳です。」という形を使う。

28 Wh-, How で始まる疑問文

重要 199 [When 〜 ?]

例にならって，下線部が答えとなる疑問文をつくりなさい。

(例) I'm busy on Friday. → When are you busy?（あなたはいついそがしいですか。）

① My birthday is April 13.

_____

② I get up at six thirty every morning.

_____

③ I usually do my homework before dinner.

_____

> ガイド **When is** ＋主語？「〜はいつですか。」
> ・**When** is the festival? ─ (It's) May 3.（お祭りはいつですか。─ 5月3日です。）
> 　　　　　　　　　　　　　└〈主語＋動詞〉を省いて答えてもよい
> **When ＋ do [does]** ＋主語＋動詞の原形？「〜はいつ…しますか。」

語句 ① birthday [bɔ́ːrθdei] 誕生日　② get up 起きる　③ do one's homework 宿題をする（one's ＝所有格）

重要 200 [Where 〜 ?]

例にならって，下線部が答えとなる疑問文をつくりなさい。

(例) My uncle lives in Osaka.

　　　→ Where does your uncle live?（あなたのおじさんはどこに住んでいますか。）

① I study at the library on Sundays.

_____

② We usually play soccer in the playground.

_____

③ My father takes a walk in the park.

_____

> ガイド **Where ＋ do [does]** ＋主語＋動詞の原形？「〜はどこで[へ，に]…しますか。」
> ・**Where** do you eat lunch? ─ (I eat lunch) At my classroom.
> 　（昼食はどこで食べますか。─ 教室で食べます。）

語句 ② playground [pléigraund]（学校などの）運動場　③ take [téik] 〜を取る　take a walk 散歩する

201 〉[How 〜?]

下の語を並べかえ，英文を完成しなさい。

① family / is / how / your / (?) （あなたのご家族はお元気ですか。）

_____

② to / how / school / come / you / do / (?)

（あなたはどのようにして［どんな方法で］学校に来ますか。）

_____

> **ガイド** **How ＋ be 動詞＋主語？**「〜はどんな調子［ぐあい］ですか」
>   ・**How** are you? — I'm fine, thank you.
>   （お元気ですか。―元気です，ありがとう。）
>   **How ＋ do [does]＋主語 ...?**「〜はどのような方法で…しますか」
>   ・**How** do you go to the park? — (I go to the park) By bike.
>   （あなたはどのようにして公園へ行きますか。―自転車で行きます。）

202 〉[疑問詞と答え方]

（　　）内に入る語を下の〔　　〕内から選びなさい。同じ語をくり返し使ってもかまいません。

① (　　　　　) is that man? — He is our teacher.

② (　　　　　) do you play tennis? — On Sundays.

③ (　　　　　) does he do on Sundays? — He studies at home.

④ (　　　　　) does your father work? — He works at a bank.

⑤ (　　　　　) old is your teacher? — He is 35.

⑥ (　　　　　) time does the game start? — It starts at six.

⑦ (　　　　　) do you go to school? — I walk to school.

⑧ (　　　　　) is your bag? — This one is.

⑨ (　　　　　) umbrella is this? — It's Sayaka's.

⑩ (　　　　　) color do you like? — I like white.

〔How / What / Which / When / Where / Who / Whose〕

> **ガイド** (1) **which** は，2つ以上のもののうちで「どちら」「どれ」とたずねる場合に使う。
>   **Which** is your camera? （どちら［どれ］があなたのカメラですか。）
>   **Which** camera is yours? （どちらの［どの］カメラがあなたのですか。）
>   (2) 〈**what** ＋名詞〉は「何〜」「どんな〜」の意味。
>   **What** sports do you like? （あなたはどんなスポーツが好きですか。）

語句 ③ at home 家で　④ bank [bǽŋk] 銀行　⑥ game [géim] 試合　⑩ color [kʌ́lər] 色
white [hwáit] 白

最高水準問題 ──────────────────────── 解答 別冊 p.32

203 ( )内に入る適当な語を下から１つ選び，記号を○でかこみなさい。

① A: ( ) do you play the piano?

B: I play it after dinner every day.

　ア Why　　イ How　　ウ When　　エ Where　　　　　　　　（東京・堀越高）

② A: ( ) does your sister go shopping? — B: By train.

　ア Why　　イ What　　ウ Which　　エ How　　　　　　　（茨城・常総学院高）

③ A: ( ) notebook is this? — B: It's Yumi's.

　ア Who　　イ Whose　　ウ Which　　エ What　　　　　　　（京都・大谷高）

④ A: How ( ) is it from here to the station?

B: It is only 1 km.

　ア many　　イ long　　ウ much　　エ far　　　　　　　　（高知学芸高）

⑤ A: ( ) is the weather over there?

B: It's raining.

　ア How　　イ What　　ウ Where　　エ Why　　　　　　（大阪・四天王寺高）

204 ( )内に適当な語を入れて，英文を完成しなさい。

① ( ) is your birthday? — It's ( ) tenth.

（誕生日はいつ。―２月10日です。）　　　　　　　　　　　　（愛知・東邦高）

② ( ) umbrella ( ) ( )? — This one is mine.

（どちらのかさがあなたのですか。―これです。）

③ ( ) ( ) your grandfather? — He is fine, thank you.

（おじいさんはお元気ですか。―元気です，ありがとう。）

難 ④ A: How do you come to school? By bus?　　　　　　　（東京・富士見丘高）

B: No. I like walking, so I come to school ( ) ( ).

⑤ A: ( ) do you spend Sundays?

B: I often go fishing in the river.

── 解答の方針 ──────────────────────────────────

203 ⑤ weather [wéðər] 天気　over there 向こう[あちら，そちら]で[の]　rain [réin] 雨が降る

204 ④「歩いて，徒歩で」という語句が入る。walking 歩くこと，散歩　⑤ spend [spénd] ～を過ごす
　go fishing つりに行く

205 下線部が答えとなる疑問文を書きなさい。

① Ichiro plays baseball <u>in America</u>.　　　　　　　　　　　　　　（大阪・羽衣学園高）

_____

② I <u>walk</u> to school.　　　　　　　　　　　　　　　　　　　　（兵庫・芦屋学園高）

_____

③ Kenta goes to bed <u>at 11:00</u> every day.　　　　　　　　　　　（兵庫・芦屋学園高）

_____

④ I sleep <u>for seven hours</u> every day.

_____

206 （　　）内の語を並べかえて，英文を完成しなさい。

① あなたのお父さんはどうやって通勤していますか。

(to / your / how / father / does / go) work?

_____

難 ② A: (Japanese / you / do / how / food / like)?

B: It's delicious.　I like it very much.

_____

③ A: (go / which / is / Tokyo / goes / train / to)?（2 語不要）

B: That blue one does.　　　　　　　　　　　　　　　　　（神奈川・鎌倉高）

_____

207 次の文を英語になおしなさい。

① あなたたちはどこで野球の練習をしますか。

_____

② どの女性があなたの先生ですか。

_____

難 ③ その国では人々は何語を使いますか。（言語 = language）

_____

（解答の方針）────

205 ④ sleep [slíːp] 眠る
206 ② delicious [dilíʃəs] おいしい
207 ③ language [læŋɡwidʒ]

第 **6** 回 実力テスト ▶解答→別冊 p.32

⏱ 時間 50 分　得点

⏺ 目標 70 点　　／100

---

1 （　　）内に入る適当な語句を下から１つ選び，記号を○でかこみなさい。　　（各２点，計６点）

① The third month of the year is (　　　　).
　ア May　　　イ March　　　ウ April　　　エ June　　　（石川・金沢工業高専）

② A: Wataru and I are going fishing tomorrow.　Can you come with us?
　B: (　　　　) But thanks anyway.
　ア Yes, I can go with you.　　　イ Sure, where shall we meet?
　ウ Sorry, I can't.　　　エ Oh, your favorite food is fish. （栃木・作新学院高㊡）

③ A: I'm sorry I'm late.
　B: That's all right.　We still have a lot of time.
　A: (　　　　)
　B: At seven.　Here comes our bus.
　ア When did the movie start?　　　イ What time is it now?
　ウ How long does it take?　　　エ What time does the movie start?

（千葉・芝浦工業大柏高）

---

2 （　　）内に与えられた文字で始まる適当な語を入れて，英文を完成しなさい。　　（各２点，計６点）

① December is the (t　　　　) month of the year.　　　（高知学芸高㊡）

② It's 12:50 now.　We still have ten (m　　　　) before one o'clock.

（神奈川・平塚江南高）

③ A: I don't have my dictionary.　Can I use yours?
　B: Yes, of (c　　　　).　　　（奈良・天理高）

---

3 （　　）内に適当な語を入れて，英文を完成しなさい。　　（各３点，計９点）

① 姉の身長は 162 センチです。
　My sister (　　　　) 162 centimeters (　　　　).

② この問題，解けるかい？―無理だよ。
　(　　　　) (　　　　) solve this problem? — No, (　　　　) (　　　　).

③ あなたたちの夏休みはどのくらいですか。―およそ１か月です。
　(　　　　) (　　　　) is your summer vacation? — (　　　　) a month.

4 下線の語を正しい語になおし，（　　）内に書きなさい。 (各2点，計6点)

① July is the ninth month of the year. (　　　　) （兵庫・関西学院高等部）

② Friday comes between Tuesday and Thursday. (　　　　) （兵庫・関西学院高等部）

③ Tom, helps me with my homework. (　　　　)

5 2つの文がほぼ同じ内容を表すように，（　　）内に適当な語を入れなさい。 (各3点，計9点)

① He can play tennis well.

He is a (　　　　) tennis (　　　　). （熊本・真和高）

② What is the price of this computer?

(　　　　) (　　　　) is this computer? （大阪・羽衣学園高）

③ Do you have the time?

(　　　　) (　　　　) is it?

6 （　　）内の語を並べかえて，英文を完成しなさい。 (各4点，計12点)

① A: Jim, (do / come / school / how / to / you) every day?

B: I come here by bike. （秋田県）

_____

② 今日は何曜日ですか。(is / day / week / it / what / the / of) today? （大阪・開明高）

_____

③ 私の子供は10か月で，まだ話せません。

(months / is / old / cannot / my / and / speak / ten / child) yet.

（東京・江戸川女子高改）

_____

7 次の文を英語になおしなさい。 (各4点，計12点)

① アメリカでは学校は9月に始まります。 （北海道・函館ラ・サール高）

_____

② あの木の下でお弁当を食べましょう。

_____

③ この教会はどのくらい前に建てられましたか。

_____

8 次の広告を見て，下の問いの答えを（　　）内の語数の英語（すべて小文字）で答えなさい。

（東京・堀越高函）（各4点，計20点）

Recycling Shop Hori Hori

1st Floor 〈Stationery, Clothes, CDs〉

Day planner ¥1,000　　Denim shirt ¥2,500　　Music CDs ¥400

2nd Floor 〈Furniture, Appliances, etc.〉

Office chair ¥3,000　　Portable CD Player ¥5,000　　Design clock ¥1,000

We can buy it!

CD	¥320
T-shirts	¥300
Portable CD Player	¥4,000

We buy it by 80 percent of the fixed price.
Call us 030-3363-7661
The estimate is free.

T-shirts Week will come Next Week!!

The first 100 people,
　　All T-shirts are half price.
Up to two a person.
　　You can get two T-shirts.

① On which *floor can you buy *clothes?（2語）　　（　　　　　）

② When is the T-shirts Week?（2語）　　（　　　　　）

③ How many T-shirts can you buy at the *Special Price?（1語）　　（　　　　　）

④ How much do they give for an old T-shirt?（3語）　　（　　　　　）

⑤ What's the last number of their phone number?（1語）　　（　　　　　）

（注）floor 階　clothes 服　special price 特価

9 次の対話を読んで，下の問いに答えなさい。　　（①3点，②④各4点，③5点，計20点）

Kenji:　Excuse me. Do you want some help?

Emma:　Oh, thank you. I can't get to the city museum.

Kenji:　Do you have a map?

Emma:　Yes. (A)(　　　) you are. (B)私はこの地図でどこにいますか。

Kenji:　You are here, just in front of the station. Go straight down this street and turn right at the second light.

Emma:　Turn right at the second light?

Kenji:　Yes. Then you can find a park on your left. The city museum is next to the park.

Emma:　How far is it to the museum?

Kenji:　(C)You can get there in about ten minutes.

Emma:　Thank you very much.

① (A)の(　　　)内に入る適当な語を下から1つ選び，記号を○でかこみなさい。

　　ア It　　イ This　　ウ Here　　エ Where

② 下線部(B)の意味を表す英文になるよう，(　　　)内に適当な語を入れなさい。

　　(　　　　　) (　　　　　) (　　　　　　) on this map?

③ 下線部(C)を日本語になおしなさい。

　　_____

④ 下の地図を見て，次の問いに答えなさい。

　(1) 公園はどこですか。A～Dの中から1つ選びなさい。(　　　)

　(2) 市立美術館はどこですか。ア～クの中から1つ選びなさい。(　　　)

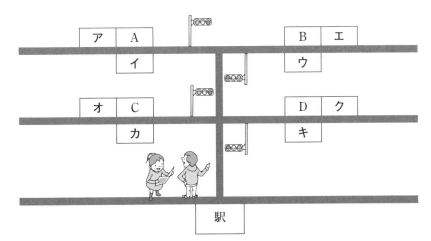

29 ～がある[いる]；There is ～.

208 [「ある」「いる」の意味を表す be 動詞]

（　　）内に適当な語を入れて，英文を完成しなさい。

① Your dictionary (　　　　) (　　　　) that desk.

（あなたの辞書はあのテーブルの上にあります。）

② Ken and Hideki (　　　　) (　　　　) the classroom.

（ケンとヒデキは教室にいます。）

③ My friends (　　　　) over there.

（私の友だちは向こうにいます。）

> **ガイド** 主語 + be 動詞 + 場所を表す語句「～は…[場所]にあります[います]」
> 〈場所を表す主な前置詞〉
> ・at [ət]（～に）　　　　・in [in]（～(の中)に）
> ・on [ɑn]（～の上に）　　・under [ʌ́ndər]（～の下に）
> ・by [bái]（～のそばに）　・near [níər]（～の近くに）

語句 ③ there [ðéər] そこに[で，へ]　over there　向こうに，あそこに

209 [「ある」「いる」の疑問文と答え方]

（　　）内に適当な語を入れて，英文を完成しなさい。

① (　　　　) your school (　　　　) the station? — Yes, (　　　　) is.

（あなたの学校は駅の近くにありますか。—はい，そうです。）

② (　　　　) (　　　　) your bike? — (　　　　) over there.

（あなたの自転車はどこにありますか。—向こうにあります。）

③ (　　　　) (　　　　) under the table? — A ball (　　　　).

（テーブルの下に何がありますか。—ボールです。）

> **ガイド** (1) Where + be 動詞 + 主語? 「～はどこにあります[います]か。」
> ・Tom is in the library. — **Where** is Tom? （トムはどこにいますか。）
> 　　　図書館に ┃━━━━━━━━━━━━↑
> (2) What[Who] is + 場所を表す語句? 「…には何があります[だれがいます]か。」
> ・**What** is on the desk? — A dictionary is (on the desk).
> 　　　何が　　　　　　　　　　　辞書　　　┗省略する

語句 ③ ball [bɔ́ːl] ボール

重要 210 〉[There is [are] 〜.]

例にならって，「…に〜がある[いる]。」という文をつくりなさい。

(例)   ①   ②   ③

a book / on the desk   a boy / by the gate   two cats / under the table   some birds / on the lake

(例) There is a book on the desk.

① _____

② _____

③ _____

ガイド There is a[an] ＋単数形の名詞＋場所を表す語句「…に〜がある[いる]」
There are ＋複数形の名詞＋場所を表す語句「…に〜がある[いる]」
└ もともとは「そこに」の意味だが，日本語には訳さない

語句 ① gate [géit] 門　③ some [sʌ́m] いくつかの　lake [léik] 湖

重要 211 〉[There is [are] 〜. の否定文・疑問文]

(　　)内に適当な語を入れて，英文を完成しなさい。

① (　　　　　) (　　　　　　) a high school in my town.

(私の町には高校はありません。)

② (　　　　　) (　　　　　　) any students in the classroom.

(教室には生徒は1人もいません。)

③ (　　　　　) (　　　　　　) a bookstore near here? — Yes, (　　　　) is.

(この近くに本屋はありますか。—はい，あります。)

④ (　　　　　) (　　　　　　) any lions in the zoo? — No, (　　　　) (　　　　　).

(その動物園にライオンはいますか。—いいえ，いません。)

ガイド (1)〈肯定文〉There is a pen on the desk. (机の上にペンがあります。)
〈否定文〉There **is not [isn't]** a pen on the desk. (机の上にはペンはありません。)
〈疑問文〉**Is there** a pen on the desk? (机の上にペンはありますか。)
(2)〈肯定文〉There are **some** boys here. (ここには何人かの男の子がいます。)
〈否定文〉There are **not** [aren't] **any** boys here. (ここには男の子は1人もいません。)
〈疑問文〉Are there **any boys** here? (ここには男の子は(1人でも)いますか。)

語句 ② any [éni]　③ bookstore [búkstɔːr] 本屋　④ lion [láiən] ライオン

最 高 水 準 問 題 ──────────────────── 解答 別冊 p.35

212 ( )内に適当な語を入れて，英文を完成しなさい。

① ( ) ( ) two cats under the car. (大阪・帝塚山学院高)

(その車の下にネコが2匹います。)

② ( ) ( ) the boys? — ( ) ( ) in the gym.

(男の子たちはどこにいますか。—体育館です。)

難 ③ ( ) ( ) ( ) fish in this pond.

(この池には魚が1ぴきもいません。)

213 2つの文がほぼ同じ内容を表すように，( )内に適当な語を入れなさい。

① A week has seven days.

There ( ) ( ) days in a week. (東京・日大豊山高)

② There is a large window in this room.

This room ( ) a large window.

214 ( )内の語を並べかえ，英文を完成しなさい。

① 壁にきれいな絵画はありますか。

(pictures / any / on / there / beautiful / are) the wall? (大阪信愛女学院高)

_____

② 教室には何人の生徒がいますか。

(students / there / many / are / in / how) the classroom?

_____

215 下線部が答えとなる疑問文を書きなさい。

① Sally is in the kitchen.

_____

② There are 31 days in August.

_____

解答の方針

212 ③ fish(魚)は複数形も fish。 pond [pánd] 池

215 ① kitchen [kítʃən] 台所

216 下の絵の内容に合うように，(A)There is で始まる文を5つ，(B)There are で始まる文を3つ，つくりなさい。

(A) ① _____

② _____

③ _____

④ _____

⑤ _____

(B) ① _____

② _____

③ _____

（注）床 floor　ソファ sofa　植木ばち flower pot

217 次の文を英語になおしなさい。

① 世界(the world)にはたくさんの国があります。

_____

② このアルバムには何枚の写真が入っていますか。

_____

【解答の方針】

216 on，under，near などの前置詞を使用する。　floor [flɔ́ːr]　sofa [sóufə]　pot [pát]

217 ① world [wɔ́ːrld] 世界

30 現在進行形

重要 218 [is [am, are] ＋動詞の ing 形]

次の文を利用して，「(今)〜しているところだ。」という意味の文をつくりなさい。

① I play a video game.

_____

② Some boys swim in the river.

_____

③ Mariko writes a letter to her friend.

_____

④ We have lunch in the cafeteria.

_____

> **ガイド** 主語＋ be 動詞＋動詞の ing 形「〜は…しているところです。」
>
>   I **am eating** lunch.（私は昼食を食べているところです。）
>   be 動詞   └─動詞の ing 形
>
> 〈動詞の ing 形のつくり方〉
> ・動詞の原形＋ ing：   play → playing，speak → speaking
> ・語尾の e をとって ing： have → having，write → writing
> ・最後の文字を重ねて ing：swim → swimming，sit → sitting

語句 ④ cafeteria [kæfətíəriə] 軽食堂，カフェテリア

重要 219 [is [am, are] not ＋ -ing]

(   )内に適当な語を入れて，英文を完成しなさい。

① I'm (   ) (   ) now.（私は今は勉強していません。）

② We (   ) (   ) TV.（私たちはテレビを見てはいません。）

③ My mother (   ) (   ) supper.

   （母は夕食をつくっているところではありません。）

> **ガイド** 主語＋ be 動詞＋ not ＋動詞の ing 形「〜は…しているところではありません」
>   └─短縮形(isn't，aren't)も使われる

語句 ③ supper [sʌ́pər] 夕食

220 〉[Is [Am, Are] 〜+ -ing? と答え方]

（　　）内に適当な語を入れて，英文を完成しなさい。

① (　　　　　) (　　　　　　) listening to music? — Yes, I (　　　　　).

　　(あなたは音楽を聞いていますか。—はい，そうです。)

② (　　　　　) Sakura (　　　　　) her homework? — No, she (　　　　　).

　　(サクラは宿題をしているところですか。—いいえ。)

③ (　　　　　) you and Tom (　　　　　) tennis? — Yes, (　　　　　) (　　　　　).

　　(あなたとトムはテニスをしているのですか。—はい，そうです。)

ガイド	〈肯定文〉He **is eating** lunch. （彼は昼食を食べています。） 〈否定文〉He **is not [isn't] eating** lunch. （彼は昼食を食べてはいません。） 〈疑問文〉**Is** he **eating** lunch? （彼は昼食を食べていますか。） 　　　　 — Yes, he **is**. （はい。）/ No, he **isn't**. （いいえ。） 　　　　　　　　　└─be 動詞で答える

語句　① listen [lísn] 聞く　listen to 〜を聞く

221 〉[疑問詞で始まる疑問文]

下の語を並べかえ，英文を完成しなさい。

① making / is / what / Tetsuya / (?) （テツヤは何をつくっているのですか。）

_____

② you / going / where / are / (?) （あなたはどこへ行くところですか。）

_____

③ the / playing / is / who / guitar / (?) （だれがギターをひいているのですか。）

_____

ガイド	（A）**What + be** 動詞＋主語＋ **-ing?**「〜は何を…しているのですか。」 　　・What **are** you **eating**? — (I'm eating)　Ice cream. 　　　何を　　　　　　　　　└─省略できる　アイスクリーム （B）**Where + be** 動詞＋主語＋ **-ing?**「〜はどこで[へ]…しているのですか。」 　　・Where **is** Tom **walking**? — (He is walking) In the park. 　　　どこで　　　　　　　　　└─省略できる　　公園で （C）**Who + be** 動詞＋ **-ing?**「だれが…しているのですか。」 　　・Who **is singing**? — Mary **is** (singing). 　　　だれが　　　　　　メアリー└─省略できる

最 高 水 準 問 題 ──────────────────────────── 解答 別冊 p.36

222 ( )内に入る適当な語句を下から1つ選び，記号を○でかこみなさい。

① Maria ( ) a baseball game on TV now.

　ア is watching　　イ watched　　　ウ to watch　　エ watching　　　（沖縄県）

② Mike and Ken ( ) studying in the library now.

　ア is　　　　　　イ was　　　　　　ウ are　　　　　　エ were　　　（栃木県）

③ 彼は今昼食をとっているところです。

　He ( ) lunch now.

　ア has　　　　　イ is having　　　ウ eats　　　　　エ eating　　　（兵庫・三田学園高）

④ 私はこの音楽家をとてもよく知っている。

　I ( ) about this musician very well.

　ア know　　　　イ am knowing　　ウ knows　　　　エ am known　（兵庫・三田学園高）

⑤ ( ) swimming in the pool?

　ア How many child is　　　　　　イ How many is child

　ウ How many are children　　　　エ How many children are　（栃木・佐野日本大高）

223 ①は[ ]内の語を適当な形（1語とは限らない）にかえて，( )内に入れなさい。②は( )
　　　内に適当な語を入れて，英文を完成しなさい。

① They ( ) in the park now. [run]　　　　　　　　（愛知・東邦高）

難 ② A: ( ) Mary and Tom watching television?

　　B: No. Mary is reading a book and Tom is playing a video game.　（高知学芸高）

224 ( )内の指示に従って，全文を書きかえなさい。

難 ① My sister cleans her room. （最後に now をつけて進行形の文に）　（兵庫・芦屋学園高）

_____

② I'm going to the convenience store. （下線部が答えとなる疑問文に）

_____

解答の方針

222 ③ have は「食べる」の意味でも使う。　⑤ pool [púːl] プール

224 ① clean [klíːn] ～をそうじする　② convenience [kənvíːniəns] store コンビニ

225 下の語句を並べかえて，英文を完成しなさい。②は1語不足しているので，その語を加えて並べかえること。

① 栃木さんは電話中です。

talking / the phone / Mr. Tochigi / on / is(.)　　　　　　（栃木・作新学院高）

_____

難 ② 子どもたちは部屋で何をしているのですか。

the children / the room / doing / in / what(?)

_____

226 次の対話文を読んで，下の問いに答えなさい。　　　　（福島・日本大東北高改）

A: (1)What (　　　) I do for you?

B: (2)I'm (　　) for a sweater.

A: What (3)(　　　) do you want?

B: Blue.

A: This is popular among young people.

B: This is cute, but a little big for me.　Do you have a smaller?

A: Then, how (4)(　　　) this?

B: This is nice.　How (5)(　　) is it?

A: Thirteen dollars.

① 下線部(1)が「いらっしゃいませ。」という意味になるように，（　　）内に入る適当な語を下から1つ選んで記号を○でかこみなさい。

　ア do　　イ am　　ウ can　　エ is

② 下線部(2)が「セーターをさがしているところです。」という意味になるように，（　　）内に入る適当な1語を答えなさい。（　　　）

③ (3)～(5)の（　　）内に入る適当な語を，下の〔　〕内から1つずつ選びなさい。

　(3) (　　　　)　(4) (　　　　)　(5) (　　　　)

　〔 about / color / many / much / size 〕

解答の方針

225 ① talk [tɔ́ːk] 話す　② 現在進行形の疑問詞で始まる疑問文。

226 sweater [swétər] セーター　among [əmʌ́ŋ] ～の間で　smaller [smɔ́ːlər] もっと小さめの　dollar [dɑ́lər] ドル　size [sáiz] 大きさ

31 過去形（規則動詞）

重要 **227** [規則動詞の過去形]

[   ]内の動詞を使って，英文を完成しなさい。

① I (   ) for 30 minutes. [walk]（私は30分歩きました。）

② She (   ) to music. [listen]（彼女は音楽を聞きました。）

③ We (   ) in Hokkaido. [live]（私たちは北海道に住んでいました。）

④ We (   ) history. [study]（私たちは歴史を勉強しました。）

⑤ The car (   ) suddenly. [stop]（その車は突然止まりました。）

> **ガイド** (1) 過去のことがらを表すには，動詞の過去形を使う。
>
> 〈現在形〉She **works** at this shop.（彼女はこの店で働いています。）
>
> 〈過去形〉She **worked** at this shop.（彼女はこの店で働きました。）
>
> (2) 規則的な過去形を持つ動詞（規則動詞）の過去形のつくり方
>
> ・原形 + ed（これが原則）：watch → watch**ed**
>
> ・原形 + d（e で終わる動詞）：like → lik**ed**
>
> ・-y → -ied（y の前が子音字のとき）：study → stud**ied**
>
> ・最後の文字を重ねて ed：stop → stop**ped**

語句 ④ history [hístəri] 歴史 ⑤ suddenly [sʌ́dnli] 突然 stop [stáp] 止まる

228 [ed の発音]

(A)次の動詞を過去形にして，(B)語尾の発音が [d] ならア，[t] ならイ，[id] ならウで答えなさい。

① call (A)(   ) (B)(   ) ② clean (A)(   ) (B)(   )

③ cry (A)(   ) (B)(   ) ④ help (A)(   ) (B)(   )

⑤ need (A)(   ) (B)(   ) ⑥ open (A)(   ) (B)(   )

⑦ wait (A)(   ) (B)(   ) ⑧ wash (A)(   ) (B)(   )

> **ガイド** 過去形の語尾の ed の発音は次の3とおり。
>
> ・有声音 + ed → [d]：lived, listened, played
>
> ・無声音 + ed → [t]：danced, liked, hoped
>
> ・t / d + ed → [id]：started, visited, needed
>
> ※有声音＝息と声が同時に出る音。母音はすべて有声音。子音は [b] [g] [l] [z] など。
>
> 　無声音＝声が出ずに息だけが出る音。子音のうち [k] [p] [s] [t] など。

語句 ① call [kɔ́:l] 呼ぶ，電話する ③ cry [krái] 泣く，叫ぶ ⑦ wait [wéit] 待つ

重要 229 [過去の否定文]

次の文を否定文にして，完成した文を日本語になおしなさい。

① She joined the party.

(英文)_____

(訳)_____

② I talked with the foreign student.

(英文)_____

(訳)_____

> ガイド　一般動詞の否定文は，現在形のときは don't [doesn't] を使うが，過去形のときは didn't を使う。
> ・I **don't** [do not] play soccer.（私はサッカーをしません。）
> ・I **didn't** [did not] play soccer.（私はサッカーをしませんでした。）

230 [過去の疑問文]

(　　)内に適当な1語を入れて，英文を完成しなさい。

① (　　　　) you (　　　　) hard? — Yes, I (　　　　).

(あなたは熱心に勉強しましたか。—はい，しました。)

② (　　　　) she (　　　　) the letter? — No, she (　　　　).

(彼女は手紙を開けましたか。—いいえ，開けませんでした。)

> ガイド　現在形の do が，過去形では did に変わる。
> 〈肯定文〉I **helped** him.（私は彼を手伝いました。）
> 〈否定文〉I **did not [didn't] help** him.（私は彼を手伝いませんでした。）
> 〈疑問文〉**Did** you **help** him?（あなたは彼を手伝いましたか。）
> 　— Yes, I **did**.（はい，手伝いました。）/ No, I **didn't**.（いいえ，手伝いませんでした。）
> 　　　　└did で答える

231 [過去を表す語句]

下の語を並べかえ，英文を完成しなさい。

① the / I / game / last / watched / night / (.)（私はゆうべその試合を見ました。）

_____

② America / they / two / in / lived / ago / years / (.)

(彼らは2年前アメリカに住んでいました。)

_____

> ガイド　last [lǽst] 〜「この前の〜」→ last week(先週)，last year(去年)
> 　〜 ago [əgóu]「〜前(に)」：three days ago(3日前)，a week ago(1週間前)

最高水準問題 ——————————————————————————————— 解答 別冊 p.38

232 [　　]内の語を適当な形にかえて(　　)内に入れなさい。

① He (　　　　　　) English last night. [study]　　　　　　　　　　　　　　(東京・城北高)

② She (　　　　　　) tennis after school every day. [play]　　　　　　　　(東京・城北高)

③ We (　　　　　　) to this town a week ago. [move]

233 下線部の発音が他と異なるものを1つ選び，記号を○でかこみなさい。

① ア asked　　　イ listened　　　ウ watched　　　エ washed　　　　　　(大阪・清風高)

② ア washed　　　イ kicked　　　ウ watched　　　エ rained　　　　　(京都・聖母学院高)

③ ア lived　　　イ talked　　　ウ played　　　エ listened　　　　　(大阪・開明高)

④ ア arrived　　　イ called　　　ウ looked　　　エ lived　　　　　　(大阪・履正社高)

⑤ ア enjoyed　　　イ stayed　　　ウ asked　　　エ listened　　　オ opened　　(千葉・市川高)

⑥ ア collected　　　イ invented　　　ウ stopped　　　エ succeeded　　　オ wanted

(北海道・函館ラ・サール高)

234 (　　)内に入る適当な語句を下から1つ選び，記号を○でかこみなさい。

① A: Did you and your sister go to Bob's concert?

　B: Yes, (　　) enjoyed it very much.

　ア they　　　　イ we　　　　ウ you　　　　エ he　　　　　　　　　(岩手県)

② A: I started to learn Korean last month.

　B: Oh, (　　　)?

　ア were you　　イ didn't you　　ウ did you　　エ are you　　　　(東福岡高)

難 ③ トーマス・エジソンが亡くなって80年になる。

　Thomas Edison (　　　) eighty years ago.

　ア is dead　　イ is dying　　ウ had died　　エ died　　　　　(兵庫・三田学園高)

解答の方針

233 ① ask [ǽsk] ～にたずねる　② kick [kík] ～を(足で)ける　④ arrive [əráiv] 到着する　⑥ collect [kəlékt] ～を集める　invent [invént] ～を発明する　succeed [səksíːd] 成功する

234 ① concert [kánsərt] コンサート　② Korean [kəríːən] 韓国語　③ dead [déd] 死んでいる　die [dái] 死ぬ

235 （　　）内に適当な語を入れて，英文を完成しなさい。文字が与えられているときは，その文字で始まる語を入れなさい。

① A: Did your friends go to the park yesterday?

B: Yes, (　　　　　) (　　　　　). （大阪・羽衣学園高 改）

② A: My father visited his aunt yesterday.

B: Oh, (　　　　　) he? （山梨学院大附高）

③ Emma usually eats breakfast, but she (d　　　　　) yesterday morning.

難 ④ We (i　　　　　) forty children to our daughter's birthday party, but only fifteen came. （神奈川・法政大第二高）

236 （　　）内の指示に従って書きかえなさい。

難 ① He answered some questions. （否定文に）

_____

② He lived in New York last year. （下線部が答えとなる疑問文に）

_____

③ The scientist invented a new machine. （下線部が答えとなる疑問文に）

_____

237 次の文を英語になおしなさい。

① 私は3日前に自分の部屋をそうじしました。

_____

難 ② だれが夕食のあとでお皿を洗いましたか。

_____

③ 私はゆうべその試合をテレビで見ませんでした。

_____

④ あなたたちは先週，そのコンサートに行きましたか？

_____

解答の方針

235 ① yesterday [jéstərdei] きのう　④「～を招待する」という意味の動詞の過去形が入る。only [óunli] わずか～だけ

236 ③ scientist [sáiəntəst] 科学者　machine [məʃíːn] 機械

237 ①「～前（に）」は ago。③「ゆうべ」は last night

32 過去形(不規則動詞)

標 準 問 題 ——————————————————————————— 解答 別冊 p.38

重要 238 [不規則変化の過去形]

次の動詞の過去形を書きなさい。

① begin （　　　　） ② break （　　　　） ③ bring （　　　　）

④ buy （　　　　） ⑤ catch （　　　　） ⑥ come （　　　　）

⑦ do （　　　　） ⑧ eat （　　　　） ⑨ find （　　　　）

⑩ get （　　　　） ⑪ give （　　　　） ⑫ go （　　　　）

⑬ have （　　　　） ⑭ hear （　　　　） ⑮ know （　　　　）

⑯ leave （　　　　） ⑰ make （　　　　） ⑱ meet （　　　　）

⑲ read （　　　　） ⑳ say （　　　　） ㉑ see （　　　　）

㉒ sing （　　　　） ㉓ swim （　　　　） ㉔ take （　　　　）

㉕ teach （　　　　） ㉖ tell （　　　　） ㉗ write （　　　　）

> ガイド 不規則な過去形を持つ動詞(不規則動詞)がある。これらは1つずつ暗記すること。

> 語句 ① begin [bigín] 始まる ② break [bréik] ～をこわす ③ bring [bríŋ] ～を持って来る ④ buy [bái] 買う ⑤ catch [kǽtʃ] ～をつかまえる ⑨ find [fáind] ～を見つける ⑪ give [gív] ～を与える ⑭ hear [híər] ～が聞こえる ⑯ leave [líːv] 出発する ⑱ meet [míːt] ～に会う ⑳ say [séi] 言う ㉖ tell [tél] ～に言う ※ read は原形と過去形が同じ形。ただし過去形の発音は [réd]。

239 [不規則動詞の否定文]

次の文を否定文にして，完成した文を日本語になおしなさい。

① We went to the zoo last Sunday.

（英文）＿＿＿＿＿＿＿＿＿＿＿＿＿＿＿＿＿＿＿＿＿＿＿＿＿＿＿＿＿＿＿＿＿

（訳）＿＿＿＿＿＿＿＿＿＿＿＿＿＿＿＿＿＿＿＿＿＿＿＿＿＿＿＿＿＿＿＿＿

② I had some money then.

（英文）＿＿＿＿＿＿＿＿＿＿＿＿＿＿＿＿＿＿＿＿＿＿＿＿＿＿＿＿＿＿＿＿＿

（訳）＿＿＿＿＿＿＿＿＿＿＿＿＿＿＿＿＿＿＿＿＿＿＿＿＿＿＿＿＿＿＿＿＿

> ガイド (1) 否定文のつくり方は規則動詞の場合と同じ。
> 〈肯定文〉She **came to** the party.（彼女はパーティーに来ました。）
> 〈否定文〉She **didn't come** to the party.（彼女はパーティーに来ませんでした。）
> (2) some・any は数えられない名詞の前にも置ける（「いくらかの～」などの意味）。

> 語句 ② money [mʌ́ni] お金 then [ðén] そのとき

240 〉[不規則動詞の疑問文]

(　　　)内から正しい語を選んで○でかこみなさい。

① Did you (hear / heard) the news? — Yes, I (heard / did).

　　(あなたはそのニュースを聞きましたか。―はい。)

② Did your father (come / came) home? — No, he (didn't / doesn't).

　　(あなたのお父さんは帰宅しましたか。―いいえ。)

> ガイド　疑問文のつくり方も規則動詞の場合と同じ。
>
> 　〈肯定文〉I **ate** lunch. (私は昼食を食べました。)
>
> 　〈否定文〉I **did not [didn't] eat** lunch. (私は昼食を食べませんでした。)
>
> 　〈疑問文〉**Did** you **eat** lunch? (あなたは昼食を食べましたか。)
>
> 　　　　　　— Yes, I **did**. (はい，食べました) / No, I **didn't**. (いいえ，食べませんでした。)
>
> 　　　　　　　　　└─did で答える

語句　① news [n(j)úːz] ニュース，知らせ

重要 241 〉[疑問詞で始まる疑問文]

(　　　)内に適当な語を入れて，英文を完成しなさい。

① When (　　　　) you (　　　　) the book? — I (　　　　) it yesterday.

　　(あなたはいつその本を買いましたか。―昨日買いました。)

② (　　　　) (　　　　) you meet Emi? — I (　　　　) her at the station.

　　(あなたはどこでエミに会ったのですか。―駅で会いました。)

③ (　　　　) did you go there? — We (　　　　) by car.

　　(あなたたちはどうやってそこへ行ったのですか。―車で行きました。)

④ (　　　　) (　　　　) he (　　　　)? — He (　　　　) nothing.

　　(彼は何と言いましたか。―何も言いませんでした。)

⑤ (　　　　) (　　　　) the window? — Jim (　　　　).

　　(だれが窓(ガラス)をこわしたのですか。―ジムです。)

> ガイド　(1) **When** + **did** + 主語 + 動詞の原形―?「～はいつ…したのですか。」
>
> 　　　　**Where** + **did** + 主語 + 動詞の原形―?「～はどこで…したのですか。」
>
> 　　　　**How** + **did** + 主語 + 動詞の原形―?「～はどのようにして…したのですか。」
>
> 　　　　**What** + **did** + 主語 + 動詞の原形―?「～は何を…したのですか。」
>
> 　　(2) **Who** + 動詞の過去形―?「だれが…したのですか。」
>
> 　　　　**What** + 動詞の過去形―?「何が…したのですか。」
>
> 　　　・**Who came** here? (だれがここに来ましたか。)— Lisa **did**. (リサです。)
>
> 　　　　　　　　　　　　　　　　　　　　　　└─= came here

語句　④ nothing [nʌ́θiŋ] 何も～ない

242 A：B ＝C：Dの関係になるよう，Dの(　　)内に適当な語を入れなさい。

	A	B	C	D	
①	go	went	buy	(　　　　)	(獨協埼玉高)
②	do	did	hear	(　　　　)	
③	break	broke	eat	(　　　　)	(広島・崇徳高)
④	write	wrote	know	(　　　　)	(大阪・履正社高)
⑤	study	studying	set	(　　　　)	(獨協埼玉高)
⑥	see	sea	ate	(　　　　)	(獨協埼玉高)
⑦	right	write	blew	(　　　　)	(広島・崇徳高)

243 (　　)内に入る適当な語句を下から１つ選び，記号を○でかこみなさい。

① A: Did you and Lucy go shopping last Sunday?

B: (　　　) She bought a present for her sister.　　　　(広島・崇徳高)

ア Yes, she did.　　イ Yes, we did.　　ウ No, she didn't.　　エ No, we didn't.

② Bob (　　　) a present to me on my birthday.

ア caught　　　　イ taught　　　　ウ brought　　　(広島・近畿大附福山高)

③ A: When did the famous singer come to Japan? ── B: (　　　)

ア For two days.　　イ Three weeks ago.

ウ Next month.　　エ In five days.　　　　　　　　　(栃木県)

244 ２つの文がほぼ同じ内容を表すように，(　　)内に入る適当な語句を下から１つ選び，記号を○でかこみなさい。

① It rained a lot last May.

We (　　　) a lot of rain last May.

ア rain　　イ got rain　　ウ had　　エ have　　　(神奈川・東海大付相模高)

② He didn't get any money at that time.

He got (　　　) money at that time.

ア a lot of　　イ some　　ウ no　　エ any　　　(神奈川・日本大藤沢高)

解答の方針

242 ⑥⑦ 同じ発音でつづりの違う語を答える。

244 ② at that time そのとき，当時

245 ( )内の語を並べかえて，英文を完成しなさい。ただし，①②は下線部の動詞を適当な形に変えなさい。

① 直子と由美は，昨日大阪から来ました。

Naoko (and / from / <u>come</u> / Osaka / Yumi) yesterday.

(山梨学院大附高)

_____

難 ② 今朝，バスの中で昔からの友だちに会いました。

I (mine / <u>see</u> / on / friend / the / old / bus / an / of) this morning. (山梨学院大附高)

_____

③ あなたはどんな種類の果物を食べたのですか。

(fruit / eat / what / you / of / kind / did)? (東京・城北高)

_____

④ 誰があなたのお姉さんにそのバッグをあげたのですか。(1語不要)

(the bag / did / who / gave / your / to / sister)? (埼玉・大妻嵐山高)

_____

246 次のグラフは，Eriko のクラスで元日に行ったことについて取ったアンケートの結果です。このグラフと英文について，次の問いに答えなさい。 (高知・土佐女子高改)

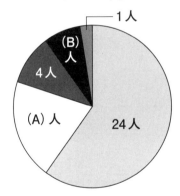

There are forty students in Eriko's class. More than 50% of the students watched TV. Only one student (1)[go] to Hawaii with her family. She enjoyed eating local food and swimming in the sea. 20% of the students (2)[write] e-mails to their friends and said "Happy New Year!" Four students visited temples and shrines. Other students (3)[play] video games at home.

① (1)～(3)の動詞を，適当な形にかえなさい。

(1) ( ) (2) ( ) (3) ( )

② グラフの中の(A)(B)にあてはまる数字を答えなさい。ただし，数字は(A)＞(B)とします。

(A) ( ) (B) ( )

[解答の方針]

245 ③ kind [káind] 種類

246 more [mɔ́ːr] than [ðǽn] ～より多い temple [témpl] 寺 shrine [ʃráin] 神社 other [ʌ́ðər] ほかの

33 was, were（be動詞の過去形）

重要 247 ▷ [was, were]

（　　）内に was, were のどちらかを入れなさい。

① I (　　　　　) sick last week.（私は先週病気でした。）

② We (　　　　　) tired then.（私たちはそのとき疲れていました。）

③ Midori (　　　　　) at home.（ミドリは家にいました。）

④ My father and my mother (　　　　　) born in Tokyo.

　（父と母は東京で生まれました。）

⑤ It (　　　　　) cloudy in the morning.（午前中はくもっていました。）

> ガイド am, is の過去形は was, are の過去形は were。
>
> | 現在形 | am | is | are |
> |---|---|---|---|
> | 過去形 | **was** | | **were** |

語句 ① sick [sík] 病気の　④ be 動詞 + born [bɔ́ːrn] 生まれる　⑤ cloudy [kláudi] くもっている

248 ▷ [was, were の否定文・疑問文]

（　　）内に適当な語を入れて，英文を完成しなさい。

① The restaurant (　　　　) (　　　　) open.

　（そのレストランは開いていませんでした。）

② Hiroshi and I (　　　　) (　　　　) classmates.

　（ヒロシくんとぼくはクラスメートではありませんでした。）

③ (　　　　) (　　　　) rainy last night? — Yes, it (　　　　).

　（ゆうべは雨が降りましたか。—はい。）

④ (　　　　) (　　　　) in the gym? — No, (　　　　) (　　　　).

　（あなたは体育館にいたのですか。—いいえ。）

> ガイド was, were の否定文，疑問文のつくり方は，現在形の am, are, is の場合と同じ。
>
> 〈肯定文〉He **was** sick.（彼は病気でした。）
>
> 〈否定文〉He **wasn't [was not]** sick.（彼は病気ではありませんでした。）
>
> 〈疑問文〉**Was** he sick?（彼は病気でしたか。）
>
> 　　　　— Yes, he **was**.（はい。）/ No, he **wasn't**.（いいえ。）

語句 ③ rainy [réini] 雨降りの

最 高 水 準 問 題 ————————————————————————————— 解答 別冊 p.40

249 ①〜③は（　　）内から正しい語を選んで，○でかこみなさい。④は（　　）内に適当な語を入れて，英文を完成しなさい。

① Your bag (is / was) on my desk yesterday.　　　　　　　　　　　（大阪・羽衣学園高）

② (Is / Are / Was / Were) your father at home now?　　　　　　　（兵庫・芦屋学園高）

③ Mariko and I (am / are / was / were) in the same class last year.

（兵庫・芦屋学園高）

④ その映画はおもしろかったので，私は気に入った。

I liked the movie because it (　　　　　) (　　　　　).　　　　（東京・駒込高）

250 （　　）内に下の〔　　〕内から適当な語を選んで入れなさい。なお，必要に応じて形をかえ，すべての語を1回以上使うこと。同じ語をくり返し使ってもかまいません。（石川・金沢工業高専 改）

A: Hi, Bob, how ① (　　　　　) you doing?

B: I'm all right. How about you?

A: I'm fine. I just ② (　　　　　) back from a trip to Australia.

B: Really? I didn't ③ (　　　　　) that. How long ④ (　　　　　) you there?

A: For ten days. I ⑤ (　　　　　) there from January 3 to 12.

B: Wow, that's great! Where did you ⑥ (　　　　　) in Australia?

A: We visited three cities, Sydney, Melbourne, and Canberra.

〔 be / come / go / know / stay 〕

251 次の文を英語になおしなさい。

① あなたはどこで生まれましたか。

_____

② 私は午前10時には図書館にいました。

_____

難 ③ 今年の冬はあまり寒くありませんでした。

_____

解答の方針

249 ④ because [bikɔ́ːz] 〜なので

250 all right [ráit] だいじょうぶだ，元気だ　wow [wáu] わあ　great [gréit] すばらしい，すごい
　　Sydney [sídni] シドニー　Melbourne [mélbərn] メルボルン　Canberra [kǽnbərə] キャンベラ
　　stay [stéi] 滞在する

251 ③「あまり〜ない」は not very 〜で表す。

34 過去進行形

重要 252 [was [were] ＋動詞の ing 形]

次の文を利用して，「(過去に)～しているところだった。」という意味の文をつくりなさい。

① I play video games.

_____

② The children play in the park.

_____

③ He has dinner at home.

_____

> **ガイド** 主語＋ was / were ＋動詞の ing 形「(そのとき)～は…しているところだった。」
>
> I **was eating** lunch.（私は昼食を食べているところだった。）
>
> be 動詞(過去形)—┘ └—動詞の ing 形

253 [過去進行形の否定文・疑問文]

空所に適当な語を入れて，英文を完成しなさい。

① I (   ) (   ) TV then.（私はそのときテレビを見ていなかった。）

② They (   ) (   ) then.（彼らはそのとき勉強していなかった。）

③ (   ) she (   ) dinner? — Yes, (   ) (   ).

(彼女は夕食を作っているところでしたか。—はい。)

④ (   ) you (   )? — No, (   ) (   ).

(あなたは眠っていましたか。—いいえ。)

⑤ What (   ) the children (   )? — They (   ) (   ) soccer.

(子どもたちは何をしていましたか。—サッカーをしていました。)

⑥ Where (   ) you (   )?

— I (   ) (   ) to the library.

(あなたはどこへ行くところだったのですか。—図書館へ行くところでした。)

> **ガイド** 〈肯定文〉He **was eating** lunch.（彼は昼食を食べているところだった。）
>
> 〈否定文〉He **was not [wasn't] eating** lunch.（彼は昼食を食べてはいなかった。）
>
> 〈疑問文〉**Was** he **eating** lunch?（彼は昼食を食べているところでしたか。）
>
> — Yes, he **was**.（はい。）/ No, he **wasn't**.（いいえ。）
>
> └—主語に応じて was / were で答える

最高水準問題 ——————————————————— 解答 別冊 p.41

254 空所に入る適当な語句を下から１つ選び，記号を○でかこみなさい。

① I went to the beach. A lot of people (　　　　) in the sea.

　　ア swim　　　イ swimming　　ウ are swimming　　エ were swimming

② "(　　　　) it raining at eight this morning?" "No. it was cloudy."

　　ア Is　　　　イ Does　　　　ウ Was　　　　エ Did

③ I was (　　　　) a bath when the teacher visited me.

　　ア took　　　イ taken　　　ウ taking　　　エ take　　　　(東京・国学院高)

④ Where (　　　　) playing catch? — In the park.

　　ア you are　　イ do you　　ウ did you　　　エ were you

255 (　　) 内の指示に従って全文を書きかえなさい。

① He is using that computer now. (下線部を then に変えて否定文に)

———————————————————————————————————

② The boy is crying now. (下線部を then に変えて疑問文に)

———————————————————————————————————

難 ③ The girl was eating ice cream. (下線部が答えとなる疑問文に)

———————————————————————————————————

256 空所に適語を入れて，対話を完成しなさい。

① A: What (　　　　) the children (　　　　)?

　　B: They were playing with fireworks.

② A: (　　　　) (　　　　) (　　　　) staying?

　　B: We were staying at a hotel by the station.

③ A: Were you sleeping at eleven last night?

　　B: (　　　　), (　　　　) (　　　　). I was watching TV.

解答の方針

254 ③ take a bath 入浴する　④ play catch キャッチボールをする

255 ① computer [kəmpjúːtər] コンピューター，パソコン

256 ① firework 花火　② stay at ～ ～に泊まる　hotel [hòutél] ホテル　by ～の近くの

35 前置詞

解答 別冊 p.41

標 準 問 題

重要 **257** [前置詞の使い方]

(   )内に必要に応じて適当な前置詞を入れなさい。何も入れなくてよいときは×を書きなさい。

① I bought this (   ) that shop.（私はあの店でこれを買いました。）

② I stay at home (   ) Sundays.（私は日曜日には家にいます。）

③ I play tennis (   ) every Sunday.（私は毎週日曜日にテニスをします。）

④ I met him (   ) last Sunday.（私はこの前の日曜日に彼に会いました。）

⑤ We went (   ) the museum.（私たちはその博物館へ行きました。）

⑥ We visited (   ) the museum.（私たちはその博物館を訪ねました。）

⑦ Can you see (   ) that bird?（あの鳥が見えますか。）

⑧ Look (   ) this picture.（この絵を見なさい。）

⑨ Listen (   ) me.（私の言うことを聞きなさい。）

> **ガイド** (1) at, in, on などは，場所にも時にも使える。at は場所や時の1点を表す。
> (2) every Sunday, last week, this morning などの前には前置詞はつけない。
> (3) 「～を」にあたる語が続く動詞は，直後に前置詞をつけない。
> (4) 〈動詞＋前置詞〉がひとまとまりの意味を表す場合がある。
> go [come] to ～「～へ行く［来る］」　　look at ～「～を見る」
> listen to ～「～を聞く」　　　　　　　wait for ～「～を待つ」

語句 ⑤ museum [mjuːzíəm] 博物館

258 [注意すべき前置詞]

(   )内に入る適当な前置詞を，下の〔   〕内から1つずつ選びなさい。

① Birds are flying (   ) the lake.（湖の上を鳥が飛んでいます。）

② Were you (   ) Kenji?（あなたはケンジくんといっしょでしたか。）

③ We went there (   ) bus.（私たちはバスでそこへ行きました。）

④ Where are you (   )?（あなたはどちらのご出身ですか。）

⑤ I made a cake (   ) him.（私は彼のためにケーキをつくりました。）

〔by / for / from / over / with〕

> **ガイド** by「～によって，～を使って」　　for「～のために」　　from「～から，～の出身で」
> over「～の上の方に」　　with「～といっしょに」

最高水準問題 ────────────────────── 解答 別冊 p.41

259 （　）から適当な語を１つ選んで，○でかこみなさい。　　　　　　（京都・聖母学院高）

① I was born (in / on / at) August 25.

② She goes to school (on / by / with) bus every day.

③ Wednesday comes (before / after / until) Tuesday.

260 （　）内に入る適当な語を下から１つ選び，記号を○でかこみなさい。

① There is a beautiful picture (　　　) the wall.

　　ア at　　　　　イ on　　　　ウ in　　　　エ to　　　　　　　（奈良・天理高）

② Orange is (　　　) red and yellow.

　　ア between　　イ toward　　ウ with　　エ both　　　　　（茨城・東洋大附牛久高）

③ I went fishing (　　　) the river.

　　ア for　　　　　イ with　　　ウ in　　　　エ under　　　（北海道・函館ラ・サール高）

④ I studied (　　　) two hours yesterday.

　　ア on　　　　　イ in　　　　ウ at　　　　エ for　　　　　　（東京・堀越高）

⑤ Thursday comes (　　　) Friday.

　　ア after　　　　イ before　　ウ next　　エ during　　　（石川・金沢工業高専）

⑥ She wrote to her grandmother (　　　) a pen.

　　ア with　　　　イ by　　　　ウ in　　　　エ on　　　（広島・近畿大附東広島高）

261 （　）内の語を使って英語になおしなさい。

① 彼女は英語でメールを書くことができます。(e-mail)

_____

難 ② 私たちは11時少し前に京都に着きました。(arrive, Kyoto, little)

_____

難 ③ 私は子ども向けの英語の本をさがしています。(look, children)

_____

解答の方針

260 ② orange [ɔ́(ː)rindʒ] オレンジ色　yellow [jélou] 黄色　⑥ write to 〜 〜に手紙を書く

261 ①「英語で」の「で」を表す前置詞は in。　②「少し」は a little。　③「〜向けの」を表す前置詞は for （〜のための）。

1 A：B＝C：Dの関係になるよう，空所に適切な1語を入れなさい。 (各1点, 計6点)

	A	B	C	D	
①	sit	sat	hit	(　　　　　)	(近畿大付和歌山高)
②	won	one	sun	(　　　　　)	(近畿大付和歌山高)
③	I	we	baby	(　　　　　)	(兵庫・芦屋学園高)
④	child	children	foot	(　　　　　)	(東京・江戸川女子高)
⑤	man	woman	nephew	(　　　　　)	(東京・江戸川女子高)
⑥	one	first	three	(　　　　　)	

2 下線部の発音が左端の語と同じものを1つ選び，記号を○で囲みなさい。 (各1点, 計4点)

① looked　　ア closed　　イ played　　ウ started　　エ watched

② cries　　ア catches　　イ goes　　ウ houses　　エ takes　　(近畿大付和歌山高)

③ woman　　ア cook　　イ cute　　ウ lose　　エ road　　(近畿大付和歌山高)

④ character　　ア chance　　イ machine　　ウ Christmas　　エ beach　　(近畿大付和歌山高)

3 空所に入る適当な語を下から1つ選び，記号を○で囲みなさい。 (各2点, 計12点)

① (　　　　　) David and your brother in the house now?

　　ア Are　　イ Do　　ウ Does　　エ Is　　(熊本・九州学院高)

② This book is mine, but (　　　　　) is that?

　　ア whose　　イ who　　ウ who's　　エ whom　　(埼玉・大妻嵐山高)

③ I usually get up (　　　　　) six in the morning.

　　ア on　　イ in　　ウ at　　エ for　　(京都・大谷高)

④ I'll visit Hokkaido (　　　　　) December 26th.

　　ア for　　イ in　　ウ on　　エ with　　(熊本・九州学院高)

⑤ We're going to be here (　　　　　) Friday.

　　ア down　　イ till　　ウ to　　エ up　　(埼玉・大妻嵐山高)

⑥ The girl was afraid (　　　　　) the dark.

　　ア at　　イ for　　ウ of　　エ to　　(東京・国学院高)

4 空所に適切な1語(①〜②，⑤は与えられた文字で始まる語)を入れなさい。　(各2点，計10点)

① Last month was January.　Next month will be March.　So this month is (F　　　).　(東京工業大附科学技術高)

② September is the (n　　　) month of the year.　(埼玉・大妻嵐山高)

③ Mother: What are you doing?

　Yoko:　I am (　　　) for my dictionary.

　Mother: Your father brought it with him this morning.　(鳥取県)

④ A man: Excuse me.　Could you tell me the way to the museum?

　Kana:　Sure.　Go down this street and (　　　) left at the second corner.　You'll find it on your left.

　A man: Thank you.　(鳥取県)

⑤ Kaori:　　I'm looking for Mr. Sato. Is he here?

　Mr. Brown: No, he isn't.　He (l　　　) school fifteen minutes ago.　(宮城県)

5 空所に適語を入れて，下線部を問う疑問文をつくりなさい。　(各2点，計12点)

① (　　　) (　　　) (　　　) at the opening ceremony tomorrow?

　→ Mr. Tanaka will speak at the ceremony.　(兵庫・関西学院高等部)

② (　　　) (　　　) (　　　) (　　　) to this place?

　→ He came here by train.　(兵庫・関西学院高等部)

③ What day of the (　　　) (　　　) (　　　) today?

　→ It's Monday today.

④ (　　　) (　　　) (　　　) going?

　→ I'm going to the flower shop.

⑤ (　　　) (　　　) (　　　) (　　　) this afternoon?

　→ I was studying at the library.

⑥ (　　　) (　　　) the weather yesterday?

　→ It was cloudy yesterday.

6 [　　]内の語句を並べかえて，英文を完成しなさい。 (各3点，計12点)

① Sally: Daisuke, do you have any plans after school today?

Daisuke: Yes, I'll [to / my sister / the library / before / take] dinner.

Yes, I'll _____ dinner.

(宮城県)

② Lisa: When [go / in / did / you / skiing] Nagano?

Shota: Last winter.

When _____?

③ Kate: What [you / music / do / kind / like / of]?

Yuka: I like J-pop.

What _____?

④ Takuya: How did you spend last Sunday?

Becky: I [a / went / to / for / with / drive / Izu] my family.

I _____ my family.

7 2組の文がほぼ同じ内容を表すように，空所に適切な1語を入れなさい。 (各2点，計12点)

① I cut the apple. I used a knife.

I cut the apple (　　　　　) a knife.

② We took a taxi to the airport.

We went to the airport (　　　　　) taxi.

③ There are two animal hospitals in my town.

My town (　　　　　) two animal hospitals.

④ I usually spend Sundays at home.

I usually stay at home (　　　　　) Sundays.

⑤ She plays the piano very well.

She is a very (　　　　　) (　　　　　).

⑥ There were five names before mine on the list.

I was the (　　　　　) person on the list.

8 2人の会話が交互に自然につながるように，ア～ウの文を正しく並べ替えなさい。

(各4点，計8点)

① When is your birthday, Ken?　　　　　　　　　（　　）→（　　）→（　　）

　　ア Yes. That's right.

　　イ It's November 25th.

　　ウ Wow, it's just one month before Christmas!　　　　　　　　（沖縄県）

② Hi.　Can I help you?　　　　　　　　　　　　（　　）→（　　）→（　　）

　　ア Sounds good.　Can I try them on?

　　イ Well, we have three kinds of white ones.

　　ウ Yes, please.　I'm looking for white tennis shoes.　　　（沖縄県）

9 次の表はある学校の ALT である Nick の情報です。あなたはクラスで Nick の紹介を英語ですることになりました。次の情報を用いて，下のメモを完成させなさい。　(沖縄県 改)

(各4点，計12点)

出身国	カナダ
誕生日	12 月 14 日
好きな教科	理科
趣味	読書
日本で行きたい場所	京都

Nick is an English teacher.

① _____

② _____

③ _____

His hobby is reading.

He wants to go to Kyoto.

10 次の文を英語になおしなさい。

(各4点，計12点)

①そのチケット(ticket)はいくらでしたか。

_____

②私の父はふだん 11 時に寝ます。

_____

③私の市の人口はおよそ 10 万人です。

_____

36 I am going to ～.

（解答）別冊 p.43

標 準 問 題

重要 262 [肯定文]

空所に適語を入れて，英文を完成しなさい。

① 彼は今年の夏にハワイに行く予定です。

　　He (　　　　　) (　　　　　　) to go to Hawaii this summer.

② 私たちは来週の月曜日に会う予定です。

　　We (　　　　　) (　　　　　　) to meet next Monday.

③ 今日はとても寒い。明日は雪が降りそうだ。

　　It's very cold today. It's (　　　　　) (　　　　　) snow tomorrow.

> ガイド 〈**be 動詞＋ going to** ＋動詞の原形〉は，主に次の2つの意味を表す。もともとの意味は「～する方へ向かっている」ということ。
> **（A）「～する予定[つもり]だ」**　　**（B）「～しそうだ」**
> be 動詞は，主語に応じて am / are / is を使い分ける。I'm going to ～のような短縮形にもできる。

語句 ③ snow [snou] 雪が降る

263 [否定文・疑問文]

(　　　)内の指示に従って書きかえなさい。

① I'm going to buy a new bicycle.（否定文に）

_____

② She is going to move to Osaka.（疑問文に）

_____

③ I'm going to buy a bicycle.（下線部をたずねる疑問文に）

_____

> ガイド 〈be 動詞 + going to〉の**否定文**は，**be 動詞のうしろに not をつける**。〈be 動詞 + not〉は，短縮形(isn't, aren't)にすることもできる。
> 　He isn't [is not] going to come to the party.
> 　（彼はパーティーに来る予定ではありません。）
> 〈be 動詞 + going to〉の**疑問文**は，**be 動詞を主語の前に置く**。答えるときも be 動詞を使う。
> 　Is he going to come to the party? ― Yes, he is. / No, he isn't.
> 　（彼はパーティーに来る予定ですか。―はい。／いいえ。）

語句 ② move [muːv] 引っ越す

最 高 水 準 問 題 ——————————————————————— 解答 別冊 p.43

264 空所に入る適当な語句を下から1つ選び，記号を○でかこみなさい。

① My sister (　　　　) get a driver's license.

　　ア go to　　イ going to　　ウ is going　　エ is going to

② What (　　　　) the students going to do in the park?

　　ア do　　　イ is　　　　ウ are　　　　エ take　　　　　　　　　（近畿大付和歌山高）

③ "Are you going to study with her?" "Yes, (　　　　)."

　　ア I am　　　イ I do　　　　ウ she is　　　エ she does

265 [　　]内の語を並べかえて，英文を完成しなさい。

① 私たちは来週忙しくなりそうです。

We [busy / to / are / be / going] next week.

_____

② 試合は何時に始まる予定ですか。

What [the / start / to / going / time / is / game]?

_____

難 ③ だれがレースに勝ちそうですか。

Who [win / to / the / going / race / is]?

_____

266 次の文を英語になおしなさい。

① 午後は雨が降りそうです。

_____

② 彼らは明日は仕事をする予定ではありません。

_____

③ あなたはどこで昼食をとる予定ですか。

_____

解答の方針
_____

264 ① driver's license 運転免許(証)

265 ① busy [bízi] 忙しい　③ win [win] 勝つ

37 I will 〜.

重要 267 [肯定文]

(　　)内に入る正しい語句を下から1つ選び，記号を○でかこみなさい。

① I (　　) you this evening.（今晩あなたに電話します。）

　　ア call　　　　　イ called　　　　　ウ will call

② She will (　　) me.（彼女は私を手伝ってくれるでしょう。）

　　ア help　　　　　イ helps　　　　　ウ helped

③ The bus (　　) on time.（バスは時間どおりに来るでしょう。）

　　ア will come　　　イ is will come　　ウ will coming

④ I (　　) fifteen next year.（私は来年15歳になります。）

　　ア will　　　　　イ am　　　　　　ウ will be

> **ガイド** will は未来を表す助動詞で，常に〈**will ＋動詞の原形**〉の形で使う。I will → I'll, he will → he'll
> のように短縮形にすることもできる。be 動詞の原形は be。

語句 ③ on time 時間どおりに

重要 268 [will と be going to]

日本語の内容を表すのに適切なほうを選び，記号を○でかこみなさい。

①「今夜8時に電話するよ。」「ありがとう。」

　　ア "I'll call you at eight this evening." "Thank you."

　　イ "I'm going to call you at eight this evening." "Thank you."

② 彼は医者になるつもりだ。

　　ア He will be a doctor.　　　イ He is going to be a doctor.

> **ガイド** will の主な意味は，次のとおり。
> （A）「〜することになっている」（未来に必ず起こることを表す）
> （B）「〜しよう（と私は今決めた）」（「私」の意志を表す）（主語は I）
> 　※あらかじめ決めていた予定は I'm going to 〜で表す。
> （C）「（きっと）〜だろう（と私は思う）」（「私」の判断を表す）（主語は自分以外の人や物）
> 　※自分以外の人の意志を表すときは，He [She] is going to 〜「彼[彼女]は〜するつもり[予定]
> 　　だ」のように言う。
> 　※「明日は雨が降りそうだ[降るだろう]。」は，It is going to rain tomorrow. と It will
> 　　rain tomorrow. のどちらを使ってもよい。

269 〉[否定文]

次の文を否定文にして，完成した文を日本語になおしなさい。

① I will walk to the station.

(英文) _____

(訳) _____

② My father will buy a new car.

(英文) _____

(訳) _____

> ガイド will を使った文の否定文は，will のうしろに not を加えてつくる。will not の短縮形は won't [wount]。

270 〉[疑問文]

[A]～[C]の問いに答えなさい。

[A]次の文を疑問文にして，完成した文を日本語になおしなさい。

The singer will become popular.

(英文) _____

(訳) _____

[B]空所に適語を入れて，英文を完成しなさい。

①「明日は晴れるでしょうか。」「はい，晴れるでしょう。」

"(   ) it (   ) sunny tomorrow?" "Yes, it (   )."

②「彼はテストに合格するでしょうか。」「いいえ，合格しないでしょう。」

"(   ) (   ) pass the test?" "No, he (   )."

[C]下線部が答えとなる疑問文をつくりなさい。

① He will be back <u>at six o'clock</u>.

_____

② Sayaka will go <u>to America</u>.

_____

③ <u>Sayaka</u> will win the English speech contest.

_____

> ガイド will を使った文の疑問文は，will を主語の前に置いてつくる。ただし，疑問詞(what, who など)が主語のときはうしろに〈will ＋動詞の原形〉を置く。Yes の答えには will，No なら won't を使う。

> 語句 [A]popular [pápjələr] 人気がある　[B]② pass [pæs] 合格する　[C]③ speech contest 弁論大会

最|高|水|準|問|題 ──────────────────────────────── 解答 別冊 p.44

271 （　　）内に入る正しい語句を下から１つ選び，記号を○でかこみなさい。

① My brother (　　　) in high school next year.

    ア is   イ was   ウ will is   エ will be

② We (　　　) go out today.

    ア not will   イ don't will   ウ will not   エ won't be

③ Will (　　　) my present?

    ア she like   イ she likes   ウ likes she   エ does she like

272 次の発言に対する返答として適当なものを下から１つずつ選び，（　　）内に記号を書きなさい。

① Will your father be back tomorrow?   （　　　）

② When will the bus come?   （　　　）

③ The phone is ringing.   （　　　）

④ Who will take care of the dog?   （　　　）

⑤ How many people will come to the party? （　　　）

⑥ The new game shop will open this Sunday. （　　　）

    ア I will.   イ OK, I'll answer it.

    ウ Let's go together.   エ About ten.

    オ No, he won't.   カ In ten minutes.

273 日本語になおしなさい。

① He'll find a good job.

② Our train will be a little late.

③ Don't eat too much.　You'll be sick.

解答の方針

272 ③ ring [riŋ] 鳴る　④ take care of ～ ～の世話をする

273 ① job [dʒáb] 仕事　② a little 少し　③ eat too much 食べすぎる　sick 気分が悪い

274 ( )内から正しいほうを選び，○でかこみなさい。

① A: Who (will / is going to) do the job?

   B: John is.

② A: What (does / is) Mom going to make for dinner today?

   B: I don't know. I want to have curry.

③ A: It's raining outside. I don't have an umbrella with me now.

   B: OK. (I'll / I'm going to) lend you mine.

275 ( )内の指示に従って書きかえなさい。

① Taku will join the tennis club. （下線部が答えとなる疑問文に）

_____

② It was cold yesterday. （下線部を tomorrow に変えて）

_____

③ The restaurant will open on August 1st. （going を使って）

_____

④ When will the restaurant open? （going を使って）

_____

276 次の文を英語になおしなさい。

難 ① 私の妹は今年の9月に12歳になります。

_____

② 彼らはその計画を変えないでしょう。

_____

③ 私は明日病院へ行く予定です。

_____

難 ④ 明日は暑いでしょうか。―はい。

_____

（解答の方針）

274 ② curry [kə́ːri] カレー　③ lend [lend] 貸す

276 ② plan [plæn] 計画　③ hospital [hάːspitl] 病院

⏱ 時間 50 分 得点

🏁 目標 70 点 ／100

---

1 下線部の発音が他と異なるものを 1 つ選びなさい。 (各2点, 計12点)

① ア walk　　イ bought　　ウ found　　エ caught　　(京都産業大附高)

② ア sightseeing　イ flight　　ウ eight　　エ laugh　　(京都女子高)

③ ア bread　　イ said　　ウ great　　エ head　　(東京・国学院大久我山高)

④ ア clear　　イ near　　ウ dear　　エ wear　　(東京・国学院大久我山高)

⑤ ア visited　　イ stopped　ウ helped　エ kicked　　(国学院大栃木高)

⑥ ア father　　イ son　　ウ touch　　エ sung　　(国学院大栃木高)

---

2 ①②の空所には，発音が同じでつづりの異なる語を入れなさい。③④の空所には，同じつづりの 1 語を入れなさい。 (各2点, 計8点)

① Last week, I (　　　　) four "Harry Potter" books.

　Look at this apple! It is very big and (　　　　)!　　(京都産業大附高)

② I slept for nine (　　　　) yesterday.

　"Whose is this?" "Oh, it's (　　　　)."　　(京都産業大附高)

③ I am looking (　　　　) my bag.

　My father left (　　　　) Honolulu last week.　　(東京・桜美林高)

④ When the class was (　　　　), it started raining.

　The song is famous all (　　　　) Japan.　　(東京・豊島岡女子学園高)

---

3 2 つの文がほぼ同じ内容を表すように，空所に適当な語を入れなさい。 (各2点, 計10点)

① How many books do you have in your room?

　How many books (　　　　) (　　　　) in your room?　　(埼玉・大妻嵐山高)

② Mr. Carter teaches English.

　Mr. Carter is (　　　　) English (　　　　).　　(近畿大付和歌山高)

③ It rained a lot last month.

　We had (　　　　) (　　　　) last month.　　(東京・桜美林高)

④ I met Mary when I was going home yesterday.

　I met Mary (　　　　) my (　　　　) home yesterday.　　(東京・桜美林高)

⑤ She enjoyed herself in the camp.

　She (　　　　) a good (　　　　) in the camp.　　(近畿大付和歌山高)

4 空所に入る適当な語句を下から1つ選び，記号を○でかこみなさい。　　　(各2点，計12点)

① I saw a koala (　　　) the first time.

　　ア at　　　　　　イ for　　　　　　ウ in　　　　　　エ of　　　　　(東京・国学院高)

② Don't write (　　　) a pencil. Use a pen.

　　ア by　　　　　　イ for　　　　　　ウ in　　　　　　エ with　　　　(東京・国学院高)

③ "(　　　) is it from Kyoto to Hakata?" "It's more than 500 km."

　　ア How far　　　イ How much　　ウ How long　　エ How tall　　(京都産業大附高)

④ (　　　) do you feel about this idea?

　　ア How　　　　　イ Why　　　　　ウ Which　　　　エ When　　　(東京・国学院高)

⑤ "How do you like this car?" "(　　　)"

　　ア Yes, I like.　　イ No, I don't.　　ウ I think so.　　エ I think it's nice.

　　　　　　　　　　　　　　　　　　　　　　　　　　　　　　　(近畿大付和歌山高)

⑥ (　　　) is your summer vacation like?

　　ア How　　　　　イ What　　　　　ウ Which　　　　エ When　　　(東京・国学院高)

5 空所に適切な1語を入れなさい。　　　　　　　　　　　　　　　(各2点，計6点)

① 窓を割ったのは誰ですか。

　　(　　　　　) (　　　　　) the window?　　　　　　　(大阪・追手門学院大手前高)

② 駅前に映画館があります。

　　There is a movie theater (　　　　　) front (　　　　　) the station.

③ 私たちは長い間電話で話しました。

　　We talked (　　　　　) the phone (　　　　　) a long time.

6 [　　]内の語を並べかえて，英文を完成しなさい。　　　　　　(各4点，計12点)

① どのくらいここに滞在するつもりですか。

　　[are / going / how / long / to / you] stay here?　　　　　(東京・国学院高)

_____

② この部屋には日本人の学生が何人いますか。

　　[there / how / Japanese / students / in / are / many] this room?　　(国学院大栃木高)

_____

③ 私たちは6時少し前にホテルに着きました。

　　We got [the / a / hotel / to / before / little] six.

_____

7 駿(Shun)と駿の父はホームステイに来たジェイソン(Jason)と広告を見ながら家族のバーベキューの計画を立てています。以下の広告と会話文を見て各問いに答えなさい。　(沖縄県)

(各5点，計20点)

BEACH PARTY PLAN
~ Chura Moon Beach ~

		BBQ Plan A	BBQ Plan B	BBQ Plan C
Food		beef (100g) *chicken (100g) vegetable set (50g)	beef (130g) *pork (130g) chicken (130g) vegetable set (80g)	beef (150g) pork (150g) chicken (150g) vegetable set (80g) *yakisoba* (100g)
*Price each person	Monday -Friday	¥1,000	¥1,500	¥1,800
	Weekends &Holidays	¥1,500	¥2,000	¥2,300
Present		1 Banana / person	1 *Watermelon / group	2 Watermelons / group

Opening hours → 9:00 am — 5:30 pm
You'll get a present (presents) when you have 5 people or more.
Everyone in the same group must choose the same plan.
For more information, please call us. (Tel ○○○ - ○○○ - ○○○○)

(注) chicken 鶏肉　pork 豚肉　price 料金　watermelon スイカ

Shun: Look at this! I want to go to this beach to have a BBQ!

Father: Wow! It looks very good! Let's go there to have a BBQ next month. When is a good time for you to go?

Shun: How about (　A　)? It's the first Sunday of the month.

Father: Sorry. I'll be busy until April 12th. How about the last Sunday in April?

Shun: O.K!

Father: Then, which BBQ plan do you like, Jason? Do you want to eat a lot?

Jason: No, I don't need *yakisoba*. But I want to eat all kinds of *meat and watermelon!

Father: O.K! Let's choose this plan and enjoy the BBQ together!

(注) meat 肉

APRIL 2019

Sunday	Monday	Tuesday	Wednesday	Thursday	Friday	Saturday
	1	2	3	4	5	6
7	8	9	10	11	12	13
14	15	16	17	18	19	20
21	22	23	24	25	26	27
28	29	30				

① （ A ）に当てはまるものを1つ選びなさい。

ア April 1st 　　イ April 6th 　　ウ April 7th 　　エ April 28th

② Shun's family is going to stay at the BBQ party from twelve o'clock until the beach closes. How long are they going to stay at the beach?

ア two hours 　　　　　　　　イ five and a half hours

ウ eight and a half hours 　　エ twelve hours

③ Which BBQ plan is Shun's family going to *choose?

BBQ Plan (　　　　　).

④ There will be 5 people when Shun's family is going to the BBQ party. How much are they going to *pay for the BBQ?

¥ (　　　　　)

（注）choose 選ぶ　pay 支払う

8 　次の文を英語になおしなさい（④は下線部のみ）。　　　　　　（各5点, 計20点）

① 私たちは次のバスを30分待ちました。

_____

② 私たちは駅の近くで昼食をとる予定です。

_____

③ そのすてきなバッグはどこで買ったの？

_____

④ Yuri: Hey, John! A new student will come to our school from Tokyo!

John: Oh, really? それは初耳だよ。

（静岡県）

_____

□ 編集協力　株式会社シー・レップス　岩見ルミ子　近藤合歓
□ デザイン　CONNECT

シグマベスト
最高水準問題集
中1英語

本書の内容を無断で複写（コピー）・複製・転載することを禁じます。また，私的使用であっても，第三者に依頼して電子的に複製すること（スキャンやデジタル化等）は，著作権法上，認められていません。

Ⓒ 佐藤誠司　2021　　　　Printed in Japan

著　者　佐藤誠司
発行者　益井英郎
印刷所　株式会社天理時報社
発行所　株式会社文英堂
　　　　〒601-8121　京都市南区上鳥羽大物町28
　　　　〒162-0832　東京都新宿区岩戸町17
　　　　（代表）03-3269-4231

● 落丁・乱丁はおとりかえします。

Σ BEST
シグマベスト

最高水準
問題集

中1英語
解答と解説

文英堂

1 My name is ～.

001 ① **My name is Tom.**
② **My name is Judy.**
③ **My name is Ken.**

解説▶ 英語を書くときの決まりとして，次の3つを最初に覚えておこう。
1．文の最初の1文字は大文字で書く。
2．単語と単語の間は1文字分あける。
3．日本語の「、」「。」と同じように，「,」（コンマ）や「.」（ピリオド）をつける。

002 ① ウ ② ア ③ エ ④ オ ⑤ イ

解説▶ 初対面のあいさつには，Nice to meet you. のほかに，How do you do? も用いられる。Thank you. は Thanks.，I'm sorry. は Sorry. とくだけた短い言い方もある。Hello.（こんにちは。）は Hi. とも言う。

003 ① **name is** ② **How**
③ **Good** ④ **Thank**
⑤ **Good**

解説▶ ③たとえば Good morning.（おはよう。）は「よい（good）」＋「朝（morning）」で，「いい朝ですね。」ということ。午後に出会ったときは Good afternoon.（こんにちは。）と言う。afternoon は「正午（noon）のあと（after）」で「午後」の意味。夜に出会ったときは Good evening. evening は夕方から寝るまでの時間のことで，night は日暮れから夜明けまでの「夜」。Good night. は「おやすみなさい。」という意味になる。

004 ① エ ② ア ③ ウ ④ オ
⑤ イ

解説▶ ②「いいよ。」という返事は，All right. なども使える。日本語で「（発車）オーライ」などと言うのは，All right. がなまったもの。
③Excuse me. は，相手やまわりの人の注意をひきたいときに使う。 ④Have a nice trip. は「よいご旅行を。」の意味。trip の代わりに

weekend を使うと「よい週末を。」，vacation なら「よい休暇を（過ごしてください）。」という意味になる。 ⑤pardon はもともと「許す，許可」の意味で，Pardon? は「もう一度言ってもらえますか。」という決まり文句。

005 ① **Excuse me.** ② **I'm sorry.**
③ **Thank you.**

解説▶ 日本語の「すみません。」には，これら3つの意味がある。特に，Excuse me. を使うべき場面で I'm sorry. と言うまちがいが多いので注意。

2 This [That] is ～.

006 ① **is** ② **This** ③ **is**
④ **That's**

解説▶ That is の短縮形は That's だが，This is は短縮形にはできない。

007 ① **This is a cup.**
② **That is Mt. Fuji.**
③ **This is Mr. Yamada.**
④ **That's a train.**

解説▶ たとえば「山」は世界中にたくさんあるが，「富士山」は1つしかない。このように，世の中に1つしかない物や人の名前を表すときは，最初を大文字で書く。Tom や Tokyo を大文字で始めるのも同様。Mt. は mountain（山）の短縮形。

Mr. と Ms.

Mr. や **Ms.** は，ふつう大人の男性や女性の名字の前につける。たとえば「ケンタくん」は単に Kenta と言い，Mr. Kenta とは言わない。Mr. は「～氏」に当たることば。女性に対しては，かつては Mrs.（結婚している女性）と Miss（未婚の女性）とを使い分けていたが，今日ではどちらも Ms. を使うことが多い。また，「先生」は teacher だが，「田中先生」を **Teacher Tanaka** とは言わない。男性なら Mr. Tanaka，女性なら Ms. Tanaka と言うのが正しい。

008 ① This is a dog.
② That is [That's] a bird.
③ This is a book.

解説 this(これ)は近くのもの，that(あれ)は遠く
のものを指すのに使う。

009 ① This is a car.
② This is a pen.
③ That's [That is] a chair.
④ This is Ken.

解説 英語の名詞の前には，a をつけるのを忘れな
いこと。ただし，大文字で始まる名詞(人名など)
の前には a はつけない。

010 ① This is a phone.
② That's Hiroko.

解説 ②(×)That's a Hiroko. と言わないように。

3 This [That] is not 〜.

011 ① This is not a camera.
② This is not a computer.
③ That is not a piano.
④ That's not a hospital.

解説 not は「〜ではない」という意味を表すこと
ばで，is の後ろに置く。

012 ① isn't　② isn't, It　③ not
④ isn't, It's

解説 This is not の短縮形は This isn't。That
is not の短縮形は That isn't がふつうだが，
That's not でもよい。

013 ① That isn't a hotel.　It's a
hospital.
② This isn't a boy.　It's a girl.

解説 2つ目の文には it(それ)を使う。it は前に
出てきたものを指す。

014 ① あれはペンではありません。(それ
は)えんぴつです。
② これはコンピューターです。(それ
は)テレビではありません。

解説 It is not の短縮形は It isn't がふつうだが，
It's not でもよい。

015 ① This is not a watch.　It's
a clock.
② That's a poster.　It isn't a
map.

解説 ①は not，②は isn't を加える。名詞の前に
a をつけるのを忘れないこと。

4 Is this [that] 〜?

016 ① Is this a flower?
② Is this a TV?
③ Is that a park?
④ Is that a restaurant?

解説 this・that と is を入れかえると，疑問文
になる。疑問文の最後には，「?」(クエスチョン
マーク)をつける。

017 ① Yes, it is.　It's a phone.
② No, it isn't.　It's a melon.
③ No, it isn't.　It's a guitar.

解説 答えの文には this・that は使わず，it を使う。

018 ① that, it is, It's
② this, it isn't, It's

解説 ①答えの文が「はい」なので，遠くにあるバ
スについて that でたずねる。　②最初の空所に
that を入れると，答えの文は「はい」になるはず。

019 ① Yes, it is.
② It's [It is] a cat.

解説 ①「これはレストランですか。—はい，そうです。（それは）レストランです」 ②「あれはウサギですか。—いいえ。（それは）ネコです」Is this [that] ...? という問いには，this [that] ではなく it を使って答える。

020 ① **Is this Germany?**
— Yes, it is.
② **Is that a balloon? — No,**
it isn't. It's [It is] a hat.

解説 ① Germany は固有名詞なので，前に a はつけない。② baloon や hat の前には a が必要。

5 a[an] / 形容詞 / my, your

021 ① **This is a dictionary.**
② **This is an apple.**
③ **This is an egg.**

解説 apple や egg は母音で始まるので，a の代わりに an を使う。

⑦ 得点アップ

an は「母音で始まる語」の前に置く。母音とはアイウエオに近い「音」のことであり，つづり字の a・i・u・e・o とはちがう。次の例を見てみよう。
(1) university[ju:nəvə́:rsəti] 大学
(2) hour[áuər] 時間
(1)では，最初の文字は u だが，読み方は [ju:]（ユー）。これは「母音」ではない。だから「1つの大学」は a university。
(2)では，最初の文字は h だが，この h は発音しない。したがって最初の音は [a(u)] という母音になるので，「1時間」は an hour と言う（アン・アワー→アナウアーと聞こえる）。

022 ① 大きな家です　② 小さな店です
③ 新しいコンピューターではありません

解説 名詞の前に形容詞を置くと，〈a＋形容詞＋

名詞〉の順になる。

023 ① **an old house**
② **a red apple**
③ **an American car**

解説 ①③形容詞が母音で始まるときも，前の a は an になる。 ② apple の前には an がつくが，red apple の red は母音で始まっていないから a red apple となる。

024 ① **my**　② **your**　③ **too**

解説 (×)This is a my dog. のようなまちがいがよく見られるので注意。my や your は a の代わりをする語なので，前に a はつけない。

025 ① **Ken's**　② **Keiko's**
③ **mother's**　④ **father's**

解説 's の s の発音のし方は，名詞の複数形などの場合と同じ。

026 ① **a**　② **×**　③ **an**　④ **×**
⑤ **a, an**

解説 ①「あれは背の高い男の子です。」 ②「あれはあなたの学校ですか。」 ③「あれは古い建物です。」 ④「これはオーストラリアです。」 ⑤「これはピアノではありません。オルガンです。」

027 ① **isn't my**　② **Is that an**
③ **my new bike [bicycle]**
④ **That's your, too**

解説 ② elephant は母音で始まるので，前に an を置く。 ③〈a [an]＋形容詞＋名詞〉の a [an] の代わりに，my・your を使うこともできる。

028 ① **This is my cousin.**
② **That's my sister's bag.**
③ **This is an e-mail from Tom.**

解説 ① my の前に a は不要。②「姉の」は sister's。 ③ e-mail は [í:meìl] と読むので，最

初が母音。従って，a ではなく an を使う。

029 ① **That's my big brother.**
② **This is a new album.**
③ **This is Miki's doll.**

解説 ①「あれは私の兄です。」my, your など「～の」を表す語は，形容詞の前に置く。 ②「これは新しいアルバムです。」 ③「これはミキの人形です。」

brother と sister

英語の **brother** は兄と弟，**sister** は姉と妹の両方に使う。意味を明らかにしたいときは，次のように言う。
・兄 = big brother，弟 = little brother
・姉 = big sister，妹 = little sister

030 ① **Is that your friend's bike?**
② **This is my little sister's toy.**

解説 ① your を加える。 ② is を加える。

031 ① **Is that your watch?**
   — Yes, it is.
② **Is this an old textbook?**
   — No, it isn't.
③ **That isn't [That is not, That's not] my teacher.**
④ **This isn't [is not] Tom's umbrella.**
⑤ **Is that your father's office?**

解説 ①②答えの文には it を使う。 ②は old の前に an を忘れないこと。

6 **What is this [that]?**

032 ① **What is this?**
   — It's a pencil.
② **What is that? — It's a bus.**

③ **What is this? — It's an umbrella.**

解説 this・that を使った問いには，it を使って答える。 ③ umbrella は母音で始まるので an をつける。

033 ① **What's, It's**
② **What's, It's an**
③ **What's this, It's my**

解説 What is の短縮形は What's。It is の短縮形は It's。

034 ① ウ ② オ ③ ア ④ エ
⑤ イ

解説 ①「あれは何ですか。」 ②「(それは)鳥ですか。」 ③「いいえ，ちがいます。」 ④「それでは，それは何ですか。」 ⑤「飛行機です。」then は「それでは，それなら」の意味。

035 ① **Yes, it** ② **It's**
③ **Is, No, isn't, my**

解説 ①「これは新聞ですか。—はい，そうです。」②「これは何ですか。—ラジオです。」 ③「これはあなたの部屋です。あれもあなたの部屋ですか。—いいえ。それは私の姉[妹]の部屋です。」

036 ① **What's [What is] this?**
   — It's an orange.
② **What's [What is] that?**
   — It's [It is] my mother's hat.
③ **Is this a fruit?**
   — No, it isn't.

解説 ① orange の前には an が必要。 ③ fruit の前には a が必要。

037 ① **Is this a fish?**
② **What's [What is] this?**

解説 ①「これは魚ですか。」とたずねる。 ②「これは何ですか。」とたずねる。

第1回 実力テスト

1 ① ウ　② ア　③ カ　④ オ
　　⑤ イ　⑥ エ

解説 ①「ありがとう。」「どういたしまして。」
②「ごめんなさい。」「かまいませんよ。」　③「は
じめまして［お会いしてうれしいです］。」「こちら
こそ。」　④「お元気ですか。」「元気です，ありが
とう。」　⑤「よい休暇を。」「あなたもね。」
⑥「じゃあまたね。」「またね。さようなら。」

2 ① That's a TV.　It isn't a
computer.
② Is this an apple?
— Yes, it is.
③ This isn't my bike.　It's
Keiko's bike.
④ This is a bike.　That's a
bike, too.

解説 文の最後にはピリオド(.)またはクエスチョ
ンマーク(?)を置く。所有格にはアポストロフィ
(')をつける。Yes のうしろや too の前にはコン
マ(,)を置く。

3 ① ×　② a　③ an　④ ×

解説 大文字で書く語や所有格の前には a[an] は
つけない。

4 ① ↗ , ↘　② ↘ , ↘

解説 Yes か No で答える疑問文の最後は上げ調
子，そうでない疑問文の最後は下げ調子で読む。

5 ① イ　② ウ　③ エ　④ ウ

解説 ①「これはあなたのかばんですか。」「いいえ。
それは私の姉［妹］のかばんです。」　②「これは何
ですか。」「それはネコです。」　③「ありがとう。」
「どういたしまして。」　④「すみません。お水を
もらえますか。」「かしこまりました。少しお待ち
ください。」

6 ① What's that?
— It's a restaurant.
② Is this your camera?
— Yes, it is.
③ That isn't an airplane.　It
is a bird.
④ Is that Mt. Fuji?
— No, it isn't.

解説 ①答えの文では，ふつう It's を使う。
② your の前には a は不要。　③ airplane の前
には an がつく。bird の前には a がつく。
④ Mt. Fuji の前には a は不要。

7 ① これは私のぼうしではありません。
（それは）私の兄［弟］のぼうしです。
② これはくだものです。あれもくだも
のです。
③ トム，こちらは私の友だちのクミで
す。

解説 ③ Tom は呼びかけのことば。my friend,
Kumi は「私の友だちのクミ」。

8 ① This is my　② isn't your
③ What's this, It's my
④ a, it isn't

解説 ④ UFO の最初の音は [ju:](ユー)で，母音
ではないから(×)an UFO ではなく(○)a UFO
とする。

9 ① That's not [That isn't] Mr.
Smith.
② This is a big apple.
③ Is this an old computer?
④ Is that your camera?

解説 ②③ an と a の変化に注意。　④ your の前
には a は不要。

10 ① This is my friend's bike
[bicycle].
② That's not [That is not,

　　That isn't] your bag.　It's [It is] my bag.
　③ This isn't [is not] an old car.
　④ Is that your new house?

解説 a・an が必要な場合と不要な場合を区別しよう。

11 ① This is my room.
　② (それは)きれいな部屋だね[美しい部屋です]。
　③ it isn't
　④ (It's) my sister's album(.)
　⑤ What's [What is] this?
　⑥ Is this your English dictionary?
　⑦ this　⑧ Nice

解説 ①This is 〜.「これは〜です。」　②it は「それ」と訳さなくてもよい。　③Is this 〜?という問いには，Yes, it is. または No, it isn't. で答える。　④「私の妹」と考えて my を最初に置く。　⑤「何」は what でたずねる。　⑥「1 冊の英語の辞書」なら an English dictionary。an の代わりに your を使うと，an は不要になる。並べかえる語の中では a が不要。　⑦「こちらは妹のリエよ」と紹介している場面。　⑧Nice to meet you.（はじめまして。）は初対面のあいさつの決まり文句。相手にこう言われたら，Nice to meet you, too. と答える。

7 He [She, It] is 〜.

038 ① He is my friend.
　② She is a nurse.
　③ She is my teacher.
　④ It is a small dog.

解説 男性は he，女性は she，物や動物は it で置きかえる。

039 ① My father is a doctor.
　② Ms. Yamada is an English teacher.
　③ Hiroshi's brother is my classmate.
　④ China is a large country.

解説 「A は B です。」の A が 1 つの物や 1 人の人のとき，「です」にあたる語は is を使う。ただし I am と You are は例外。

040 ① He isn't Tom's father.
　　彼はトムのお父さんではありません。
　② My father isn't a doctor.
　　私の父は医者ではありません。
　③ This isn't a good book.
　　これはよい本ではありません。

解説 not は am・are・is のうしろに置く。

041 ① Is, she　② Is, it is
　③ Is he, he isn't

解説 答えの文では he, she, it を使う。

042 ① isn't, He　② Is, she is
　③ Is, he isn't
　④ Is this, it is

解説 ①Jim を 2 つ目の文では He で受ける。④答えるときは this を it で受ける。

043 ① My uncle isn't [is not] a pilot.
　② Is she a pianist?
　③ Is Akira's father a doctor?

解説 ①「私の父はパイロットではありません。」②「彼女はピアニストですか。」③「アキラくんのお父さんは医者ですか。」

044 ① Mr. James is an English teacher.

② **Is your sister a high school student?**

解説 ①a が不要。　②you が不要。

---

045 ① ウ　② エ

解説 ①「あなたのおばさんは作家ですか。—はい，そうです。彼女は有名な作家です。」　②「これはあなたのハンドバッグですか。—いいえ，ちがいます。母のハンドバッグです。」

---

046 ① **This is not my house. It's my friend's house.**
② **Is Tom's sister a flight attendant? — Yes, she is.**

解説 ①「これは私の家ではありません。私の友だちの家です。」「友だちの」は friend's。　②「トムのお姉さん[妹さん]は客室乗務員ですか。—はい，そうです。」　最初の文は疑問文だから is を前に出す。女性は she で受ける。

---

047 ① **Is he your uncle?**
— Yes, he is.
② **My aunt isn't [is not] a tall woman.**
③ **Is your father his father's friend?**
④ **America isn't [is not] a small country.**

解説 ③Your father is his father's friend. を疑問文にしたもの。

---

048 ① **She is a good singer.**
② **Is your sister a good pianist?**

解説 ①「彼女はじょうずな歌い手です。」とする。②good pianist で「じょうずにピアノをひく人」。

⊕ 得点アップ

-er で終わる語は「～する人」の意味。たとえば singer は「歌う人，（プロの）歌手」。good singer は「じょうずに歌う人」「じょうずな歌

手」という2つの意味がある。同じように soccer player は「（プロの）サッカー選手」の意味にもなるが，「（学校のクラブなどで）サッカーをする人」という意味でも使える。また，〈名詞＋-ist〉は「～の専門家，～に関係する人」を表し，pianist, guitarist（ギタリスト，ギターをひく人），scientist（科学者）などと言う。

---

8 I am ～. / You are ～.

049 ① am　② are　③ I'm　④ You're

解説 I am の短縮形は I'm，You are の短縮形は You're。

---

050 ① am　② is　③ are　④ is
⑤ is　⑥ is

解説 「A は B です。」の「です」に当たることばは，be 動詞。　① I am an American. とも言う。

「私は～人です」

国の名前とその形容詞は，以下のようになる。
・Japan（日本）
　— Japanese（日本（人）の，日本人，日本語）
・China（中国）
　— Chinese（中国（人）の，中国人，中国語）
・America（アメリカ）
　— American（アメリカ（人）の，アメリカ人）
・Canada（カナダ）
　— Canadian（カナダ（人）の，カナダ人）
・Australia（オーストラリア）
　— Australian（オーストラリア（人）の，オーストラリア人）
「私は～人です」は，次の2つのどちらかの形で表すのがふつう。
（a）I am Japanese.（Japanese ＝日本人の）
（b）I am an American.
　　（American ＝アメリカ人）

---

051 ①（A）**I am not Chinese.**
（B）**I'm not Chinese.**

② （A）**You are not a good boy.**

　　（B）**You aren't a good boy.**

解説 ② You aren't は You're not とも言える。

052 ① **Am I, you are**

② **Are you, I'm not**

解説 「私は〜ですか。」と相手にたずねるような場面は，実際の会話では少ない。

053 ① **my** ② **your** ③ **his**

④ **her**

解説 所有格は a [an] に代わる働きをするので，a his のように並べて使うことはない。

054 ① **I'm a soccer player.**

② **You aren't his friend.**

解説 ② You aren't がふつうだが，You're not とも言う。

055 ① **Are, I am** ② **Is, he isn't**

③ **Is, She is** ④ **Am I**

⑤ **he is, His** ⑥ **she is, Her**

解説 ①「あなたは音楽家ですか。」「はい，そうです。」 ②「あなたのおじさんは芸術家[画家]ですか。」「いいえ，ちがいます。」 ③「メアリーはアメリカ人ですか。」「いいえ。彼女はカナダ人です。」 ④「私はあなたのよい友だちですか。」「はい，そうです。」 ⑤「あの男の子はあなたのお兄さん[弟さん]ですか。」「はい，そうです。彼の名前はカズオです。」 ⑥「ナオコはあなたの友だちですか。」「はい，そうです。彼女のお姉さん[妹さん]も私の友だちです。」

056 ① **her** ② **is my**

③ **am Tom's**

解説 ①「彼女は私の友だちです。」→「私は彼女の友だちです。」 ②「私はケンの兄[弟]です。」→「ケンは私の兄[弟]です。」 ③「トムは私の息子です。」→「私はトムの母です。」

057 ① **is** ② **Are**

③ **I'm not, I'm** ④ **Is**

⑤ **it is**

全訳

ヒロミ：はじめまして，ケビン。私の名前はヒロミよ。

ケビン：こんにちは，ヒロミ。こちらこそはじめまして。

ヒロミ：あなたはアメリカ合衆国の出身なの？

ケビン：いいや。カナダの出身だよ。

ヒロミ：わかったわ。カナダは大きい国なの？

ケビン：うん，そうさ。

058 ① **Is your, she isn't**

② **his, Its** ③ **His, Her**

④ **His name is**

解説 ② Its roof「それ[彼の家]の屋根」 ③「おば」は女性だから「彼女の娘」は her daughter。

059 ① **Is this his car?**

② **Her friend isn't [is not] (an) American.**

③ **Are you from Korea?**

④ **This is her cat. Its name is Jerry.**

⑤ **My father is his father's friend.**

解説 ② Her friend isn't from America [the U.S.]. でもよい。 ③ Are you (a) Korean?（あなたは韓国人ですか。）とも表現できる。 ④動物は it で受けるので，「それの名前」は its name。

9 Who is 〜 ? / What is 〜 ?

060 ① **are, I'm** ② **is, She is**

061 ① **What is that?**

② **What is this book?**

③ **What is his name?**

④ **What is your name?**

ていねいな質問のしかた

Who are you? は「おまえはだれだ」という
失礼な言い方なので，日常会話では使わない。
What is your name? は状況によっては使え
るが，失礼な感じを与えることもある。相手に
名前をたずねるときの一般的な言い方は，
May I ask [have] your name, please?
（お名前をおたずねしていいですか。）など。「お
仕事は何ですか。」も，What are you? より
も What do you do? または What kind of
work do you do? などのほうがふつう。

062 ① (A) **She is [She's] Ayumi.**
(B) **She is [She's] a singer.**
② (A) **He is [He's] Tiger.**
(B) **He is [He's] a golfer.**

what や who を使った問いへの答えかた

たとえば①(A)の What is her name?（彼女
の名前は何ですか。）という問いに対しては，形
の上では It [=Her name] is Ayumi. のよう
な答えが考えられる。しかし実際は，She is
Ayumi. と答えることが多い。同様に①(B)の
What is her job?（彼女の仕事は何ですか。）
に対する答えも，It [=Her job] is a singer.
ではなく She is a singer. となる。

063 ① ○ ② ○ ③ × ④ ○
⑤ × ⑥ ○

解説 ①～③ who は名前のほかに人間関係をたず
ねるのにも使われる。従って③は，He is our
teacher.（彼は私たちの先生です。）なら正しい。
しかし He is a teacher.（彼は教師です。）だと，
彼の職業を答えたことになるので，それに対する
問いは What is he?（彼（の仕事）は何ですか。）
でなければならない。 ⑤は仕事をたずねる問い
に対して，名前で答えているので誤り。

064 ① **Who's，He's**
② **What's，She's an**

解説 一般に，〈A + is → A's〉という短縮形をつ

くることができる。

10 be 動詞＋形容詞

065 ① **an** ② × ③ **a** ④ ×

解説 ②④ではうしろに名詞がないので a[an] は
使えない。

066 ① (A) **The food isn't good.**
(B) **Is the food good?**
② (A) **You aren't busy.**
(B) **Are you busy?**

解説 否定文・疑問文のつくり方は，be 動詞のう
しろが名詞でも形容詞でも同じ。

067 ① **My mother's car is small.**
② **Jim is a tall player.**
③ **This city is not very large.**

解説 ① a が不要。 ② his が不要。 ③ a が不要。

068 ① **is an old [isn't a new]**
② **That，is wide**

解説 ①「この教会は古い。」→「これは古い教会
です。」 ②「あれは広い通りです。」→「あの通
りは広い。」

069 ① **My uncle's house is very big.**
② **Is your mother busy?**
③ **She is a very good dancer.**

解説 ①② うしろに名詞がないので a は不要。
③「彼女はとてもじょうずな踊り手[踊る人]で
す。」と表現する。

第2回 実力テスト

1 ① **Jim is her friend.**
② **Jim is a tall boy.**

③ **You are my friend.**
④ **Jim isn't [is not] my friend.**
⑤ **Is Jim my friend?**
⑥ **Who is Jim?**

解説 ②aをつけ忘れないこと。　③be動詞はareに変わる。　⑥「ジムはだれですか。」という文をつくる。

2 ① **What's her**
② **Are you, I'm not**
③ **Is this his, it**
④ **Is her, it isn't**
⑤ **Who is, She**
⑥ **What is, I'm**
⑦ **are, I'm not**

解説 ①空所が2つなので What is を短縮形の What's にする。　②〜⑥答えの文の主語として何を使うかに注意。　⑦ You are busy, but I'm not (busy). の(　　)内を省略した形。

3 ① **Is her favorite artist Arashi?**
② **Is that boy Aki's brother?**
③ **What is [What's] your name?**
④ **That is an old building.**
⑤ **This is not [isn't] an easy question.**
⑥ **His father is a rich man.**

解説 ①②主語と be 動詞を入れかえる。　③「あなたの名前は何ですか。」　④an をつけ忘れないように。　⑤「これはやさしい質問ではありません。」　この文でも easy の前に an が必要。　⑥「彼のお父さんは金持ち[の男性]です。」

4 ① ウ　② ア　③ キ　④ エ
⑤ カ　⑥ オ　⑦ イ

解説 ①「あなたはヒデのクラスメートですか。」「いいえ。」　②「あなたのお父さんは医者ですか。」「はい。」　③「あなたのイヌは大きいですか。」「はい。」　④「私はあなたのよい友だちですか。」「はい。」　⑤「メアリーはあなたの友だちですか。」「いいえ。」

⑥「あの男性はだれですか。」「私の父です。」⑦「あなたのお父さんの仕事は何ですか。」「医者です。」

5 ① ウ　② ウ　③ イ　④ ア　⑤ イ

解説 ①ウは [e]，他は [ei]　②ウは [ai]，他は [i]　③イは [ou]，他は [ɑ]　④アは [æ]，他は [ʌ]　⑤ イは [u]，他は [uː]

6 ① **My mother is an English teacher.**
② **Is that student from Canada?**
③ **That big building is my father's office.**
④ **That handsome boy is not Tom's brother.**

解説 加える語は，① an，② from，③ father's，④ not。

7 ① あなたの新しい先生の名前は何ですか。
② 私の兄[弟]は高校生ではありません。
③ あの古い建物は私の(泊まる)ホテルですか。

解説 ③ That old building is my hotel. を疑問文にした形。

8 ① **Who is that tall woman?**
② **This is my cat.　Its name is Tama.**
③ **Is this dog's name Shiro?**
④ **You are a good singer.**

解説 ②2つ目の文では Its name(それの名前)を主語にする。　③ This dog's name is Shiro. の疑問文。　④「あなたはよい歌手ですね。」にする。

9 ① **Who's**　② **He is**
③ **This**　④ **are you**
⑤ **I'm**　⑥ **No, I'm not**
⑦ **Australia**　⑧ **Are you an**
⑨ **Is, your**　⑩ **he is**

解説 全訳を参照。( )の数が足りないときは短縮形を考える。⑦最初の説明文を参考にする。

全訳

　ヒロキは中学生です。サリーはヒロキの兄の友だちです。彼女はオーストラリア出身の大学生です。ここはヒロキの家です。

サリー：こんにちは，ヒロキ。庭にいるあの男の人はだれなの？

ヒロキ：ぼくのお父さんのノブオだよ。

サリー：ああ，わかったわ。

庭で

ヒロキ：ねえ，お父さん。こちらは兄さんの友だちのサリーだよ。

ノブオ：こんにちは，サリー。元気かい。

サリー：元気です，ありがとう。あなたは？

ノブオ：私も元気だよ。ありがとう。君はアメリカ合衆国の出身なの？

サリー：いいえ，ちがいます。私はオーストラリア出身です。あなたは英語を話すのがとてもじょうずですね。

ノブオ：ありがとう。

サリー：あなたは英語の先生ですか。

ノブオ：そうだよ。私はヒロキの中学の教師なんだ。

サリー：本当に？　ヒロキはあなたの生徒ですか。

ノブオ：そうだよ。

11 I [You] play 〜.

070 ① **play** ② **like** ③ **eat**
④ **speak** ⑤ **know**

解説 すべて「〜を…する」という形。

071 ① **I live in Yokohama.**
② **I go to this school.**

解説 ①live in 〜「〜（の中）に住む」 ②go to 〜「〜へ行く」

072 ① **play** ② **watch** ③ **make**
④ **study** ⑤ **visit** ⑥ **use**

解説 ①「私はテレビゲームをします。」 ②「私はテレビを見ます。」 ③「私はときどき昼食を作り

ます。」 ④「私は英語を熱心に勉強しています。」 ⑤「私はあの博物館を訪れます。」 ⑥「あなたはいい辞書を使っています。」

073 ① × ② **in** ③ × ④ ×
⑤ **in** ⑥ × ⑦ **to**

解説 ①drink「〜を飲む」 ②live in 〜「〜に住んでいる」 ③want「〜をほしいと思う」 ④sing well「じょうずに歌う」 ⑤swim in this river「この川（の中）で泳ぐ」 ⑥have「〜を持っている」 ⑦run to school「走って学校へ行く」

074 ① **I use this computer.**
② **You have a new bike [bicycle].**
③ **I play in this park.**

解説 ①②は「〜を…する」という意味だから，動詞のうしろに前置詞は不要。 ③は「公園（の中）で遊ぶ」だから play in this park。play soccer（サッカーをする）などとの違いに注意。

12 I [You] don't play 〜.

075 ① （A） **I study English.**
（B） **I do not study English.**
② （A） **I watch TV [television].**
（B） **I do not watch TV.**
③ （A） **I play the piano.**
（B） **I do not play the piano.**

解説 do not は「〜しない」という意味。be動詞の否定文との形の違いに注意。
・I am a student. → I am not a student.
・I play soccer. → I do not play soccer.

076 ① **do not** ② **don't**
③ **don't**

解説 話しことばでは，don't を使うのがふつう。

077 ① ウ　② ア　③ エ

解説 ①「私はコンピューターを持っていません。」②「これは私のタオルではありません。」③「私はレインコートを持っています。かさは必要としていません。」

078 ① You do not know his address.
② I am not a new student.
③ I do not do my homework.

解説 ① are が不要。② do が不要。③ am が不要。「宿題をする」do one's homework(⇨「得点アップ」)

⑦ **得点アップ**

do には次の2つの使い方がある。
(A) 「〜をする」という意味の do
・I do my homework.
（私は宿題をします。）
(B) 否定文・疑問文を作る do
・I do not have dogs.
（私はイヌを飼っていません。）
(B)の do には「する」という意味はなく、do not が「〜しない」という否定の意味を表している。
(B)の do は「否定文をつくるための記号」と考えればよい。
・I do not do my homework.
（私は宿題をしません。）
この文では、1つ目の do が(B)、2つ目の do が(A)に当たる。

079 ① I don't [do not] have a pet.
② I'm [I am] not her friend.
③ You don't [do not] need a new bike [bicycle].
④ I don't [do not] want a small bag.

解説 ② be 動詞を使うときは、否定文は〈be 動詞＋ not〉の形にする。

13 Do you play 〜?

080 ① **Do /** あなたはマンガを読みますか。
② **Do you /** あなたはスマートフォンを持っていますか。
③ **Do you know /** あなたはこの動物を知っていますか。

解説 do は一般動詞の疑問文をつくるための記号と考えよう。be 動詞の疑問文との形の違いに注意。
・This is a dog. → Is this a dog?
・You want a dog. → Do you want a dog?
　　　　　　　　　(×)Want you a dog?

081 ① **do**　② **don't**　③ **I do**
④ **I don't**

解説 ②④否定で答えるときは、短縮形の don't を使うのがふつう。

082 ① **Are, am**　② **Do, don't**
③ **Are, I'm not**　④ **Do, I do**

解説 ①③は一般動詞がないので、（　）内に be 動詞を入れる。do は一般動詞とセットでないと使えない。

083 ① ウ　② イ　③ オ

解説 ①「あなたはあの男性を知っていますか。」「はい。」②「あの男性はあなたのお父さんですか。」「はい。」③「あの男性はだれですか。」「彼はオカ氏です。」

084 ① **Do you know her e-mail address?**
② **Are you her pen pal?**
③ **Do you want a new wallet?**

解説 ①③ are が不要。② do が不要。

085 **Do you live in a big [large] city?**

解説 You live in a big city. の疑問文。

14 A or B の疑問文

086 ① **Do you play basketball or volleyball? / あなたはバスケットボールとバレーボールのどちらをしますか。**

② **Do you want coffee or tea? / あなたはコーヒーとお茶のどちらがほしいですか。**

解説 which（どちら）という疑問詞を使って，たとえば ② は Which do you want, coffee (↗)or tea (↘)?とたずねることもできる（⇨ 本冊 p.101）。

087 ① **Do, or, like**

② **or a cat, It's**

③ **Do you play, or, I play the guitar**

解説 Yes や No ではなく，どちらか一方で答える。

088 ① **ア** ② **ア**

解説 ①「あなたはサッカーとバスケットボールのどちらが好きですか。―私はサッカーが好きです。」 ②「あれはバスですか，それともトラックですか。―トラックです。」

089 ① **It's a vase.**

② **I'm [I am] a taxi driver.**

③ **I have a dog.**

解説 ①「これはグラスですか，それとも花びんですか。―花びんです。」 ②「あなたはタクシーの運転手ですか，それともバスの運転手ですか。―私はタクシーの運転手です。」 ③「あなたはネコを飼っていますか。それともイヌを飼っていますか。―私はイヌを飼っています。」

090 ① **Is this country England or France?**

② **Is she your sister or your mother?**

— **She is my mother.**

③ **Do you like milk or cocoa?**

— **I like milk.**

解説 ①③ England や milk などには a はつかない。

15 the / one の用法

091 ① **a, The** ② **The** ③ **an**
④ **×** ⑤ **×** ⑥ **the**

解説 ①③初めて話題に出すものの前には a[an] をつける。一度話題に出したもの（相手が知っているもの）には the をつける。 ②話し手が特定のものを頭に思いえがいているときは the を使う。この文では，話し手は特定の図書館を指して「きょうは開いている」と言っているので，The library とする。

092 ① **I have an old one.**

② **I want that big one.**

解説 ①I have an old camera. と言ってもよいが，camera という語のくり返しをさけるために，camera の代わりに one を使うことができる。 ②that big one は that big shirt のこと。

093 ① **one** ② **too, a, one**

解説 ①that one = that bag ②a new one = a new computer。話し手は「その（特定の）新しいコンピューターがほしい」と言っているのではなく，「（どれでもいいが）新しいコンピューターがほしい」と言っている。この場合は a new computer となる。

094 ① **This is Lisa's picture. It's very beautiful.**

② **The U.S. is a large country. Japan is small.**

③ **I play soccer with a [my] friend in the park.**

解説▶ ①所有格の前にはaやtheはつかない。beautifulのうしろに名詞がないのでaはつかない。②「アメリカ合衆国」はthe U.S.(＝the United States)。「大きい国」はa large countryで，aが必要。Japanにはtheはつかない。smallのうしろには名詞がないのでtheは不要。③スポーツ名の前にはtheはつけない。a myはどちらか一方が不要。

---

095 ① **Is the building your school?**
② **Do you play the guitar or the piano?**

解説▶ ①②ともにaが不要。

---

096 ① **The animal isn't a rabbit.**
② **Is this book too difficult?**

解説▶ ②「～すぎる」はtooを形容詞の前に置いて表す。

第3回 実力テスト

1 ① ↗, ↘　② ↘, ↘　③ ↗, ↘
④ ↘, ↗　⑤ ↗, ↘

解説▶ ③⑤の読み方に注意。

---

2 ① **sport**　② **animal**
③ **flower**　④ **food**　⑤ **job**

解説▶ ①「スポーツ」(sportの複数形がsports) ②「動物」(牛・サル・トラ・ネズミ) ③「花」(バラ・ユリ・パンジー・チューリップ) ④「食べ物」 ⑤「仕事」

---

3 ① オ　② エ　③ キ　④ オ
⑤ ウ

解説▶ ①「あの建物は何ですか。」「レストランです。」②「あのレストランはおいしいですか。」「はい。」③「あなたのお父さんの仕事は何ですか。」「コックです。」④「あれはホテルですか，それともレストランですか。」「レストランです。」⑤「あなたはそのレストランへ行きますか。」「はい。」

---

4 ① **a**　② **the**　③ **an, the**
④ **×**　⑤ **×, a**　⑥ **×, ×**
⑦ **×, ×**　⑧ **×, an**

解説▶ ①「私はピアノを持っています。」 初めて話題に出すものにはaをつける。 ②〈play＋the＋楽器名〉で「～を演奏する」の意味。 ③「私はアルバムを(1冊)持っています。」「これがそのアルバムですか。」 ④形容詞のうしろに名詞がないのでaやtheはつけない。 ⑤所有格の前にはaやtheはつけない。 ⑥〈play＋スポーツ名〉のときはtheをつけない。 ⑦go to schoolで「学校に通う」。〈by＋交通手段〉のときはaやtheはつけない。 ⑧watch television[TV]で「テレビを見る」 for an hourは「1時間」。

---

5 ① **have**　② **am**　③ **like**
④ **play**　⑤ **live**　⑥ **write**
⑦ **help**

解説▶ ①「私には2人の姉妹がいます。」 ②「私はケンジくんの姉[妹]ではありません。」 ③「私はヒロミさんが大好きです。」 ④「私はエミさんの姉[妹]と遊びます。」 ⑤「私は長野に住んでいます。」 ⑥「私はヒロシくんにメールを書きます。」 ⑦「私はタケシくんの宿題を手伝います。」

---

6 ① **too, one**　② **listen**
③ **walk to**　④ **like [love]**

解説▶ ①「このシャツは小さすぎます。私は大きいのがほしいです。」 ②「私はロック音楽が大好きです。毎日家でそれを聞いています。」「～を聞く」はlisten to ～。 ③「私はいつも歩いて学校へ行きます。」 ④「私の趣味は旅行です。」→「私は旅行が好きです。」 enjoy(～を楽しみます)でもよい。

---

7 ① **That building on the hill is a church.**
② **This is a very interesting book.**
③ **This dress is too small for the girl.**

④ I don't like this color.　I want a red one.

解説 ① church の前に a を加える。　② very の前に a を加える。　③ small のうしろに名詞がないから a は不要。　④ red の前に a を加える。

8 ① Do you speak English or French?
② I don't [do not] go to the swimming pool.
③ I have a bicycle [motorbike].
④ Do you know this singer?
　— No, I don't [do not].

解説 ①「あなたは英語を話しますか，それともフランス語を話しますか。」　③自転車とオートバイのどちらかを持っている，と答える。

9 ① あなたは紅茶[お茶]とコーヒーのどちらを飲みますか。
② あなたは放課後サッカーをしますか。
③ あなたはこの町の地図が必要ですか。
④ 私はこの種類の音楽は好きではありません。

解説 ③ a map of this town「この町の地図」　④ this kind of 〜は「この種類の〜」。a kind of 〜は「一種の〜」。

10 ① Is your teacher a man or a woman?
② This cat is small.　That one is big.
③ I walk in this park.
④ I don't [do not] like animals very much.

解説 ① a をつけ忘れないように。　② cat の代わりに 2 つ目の文では one を使うことができる。　④「〜があまり好きではない」は，〈don't like 〜 very much〉で表す。

11 ① I like basketball very much [I love basketball].

② I'm not a very good basketball player [player of basketball].
③ ウ　④ too
⑤ 私の大好きな教科[科目]は国語です。
⑥ No, she isn't.

解説 ①「〜が大好きです」は〈like 〜 very much〉。　②「私はじょうずなバスケットボール選手ではありません。」と言いかえる。　③ practice hard で「熱心に練習する」。そのうしろに now（今）を置く。　④「私の姉も〜」という意味にする。　⑤ favorite は「大好きな，お気に入りの」。　⑥終わりから 3 つ目の文に I'm not very good at it. とある。この it は前の文の English を指す。

全訳
　こんにちは。私の名前はアオキ・ハルカです。私は中学生です。私はバスケットボールチームのメンバーです。私はバスケットボールが大好きです。でも私はバスケットボールがあまりじょうずではありません。私は今，熱心に練習しています。
　私の姉のミキも中学生です。彼女は英語が得意です。私は英語があまり得意ではありません。私はときどきミキといっしょに勉強します。私の大好きな教科は国語[日本語]です。

16 I have two dogs.

097 ① dogs　② watches
③ classes　④ countries
⑤ knives

⤴ 得点アップ
名詞の複数形で -s 以外をつけるものについては，次の点に注意。
①語尾の発音が [s] ス・[ʃ] シュ・[tʃ] チなどの語には -es をつける。
（例）boxes・buses・dishes・watches
② o で終わる語は，-s をつけるものと -es をつけるものがある。
（例）pianos・photos・potatoes・tomatoes
③語尾の -es は [iz] イズと読むことが多いが，

[z] ズと読むこともある。
・[iz]：class<u>es</u>・orang<u>es</u>
・[z]：tomato<u>es</u>
④ **house** の複数形 **houses** の発音は [hauziz]。
⑤ **y** で終わる語の複数形は，次の2とおり。
（A）y → -ies：前が a・i・u・e・o 以外の文字のとき。
　　（例：baby・country）
（B）-ys：前が a・i・u・e・o のとき。
　　（例：play(劇)）
⑥ **-f(e)** → **-ves** となる主な語：knife・life(生活)・leaf(葉)・wife(妻)など

---

098 ① **men**　　② **women**
③ **children**　　④ **teeth**
⑤ **feet**　　⑥ **Japanese**

解説 ⑤foot には「足」の意味もある。「1フィート」を one foot と言うのは，もともと大人の足のサイズを目安にしたため。1フィートは約30cm に当たる。「2フィート」は two feet。⑥ American(アメリカ人)・Canadian(カナダ人)・Korean(韓国人)などは，複数形にすると -s がつく。Japanese(日本人)・Chinese(中国人)などは単数形と複数形が同じ形。

---

099 ① イ ② ア ③ ウ ④ イ ⑤ ア
⑥ イ ⑦ イ ⑧ ウ ⑨ ウ

解説 ⑦⑧ e で終わる語に s がついた場合，es の読み方は [s][z][iz] の3とおり。lak<u>es</u>(湖)などは [s]。

---

100 ① ○ ② × ③ ○ ④ × ⑤ ○
⑥ × ⑦ ○ ⑧ × ⑨ ×

解説 ④⑥固有名詞は「世の中に1つしかないもの」だから，複数形にしない。「太陽(the sun)」「月(the moon)」「世界(the world)」なども，ふつうは(1つしかないので)数えられない名詞と考える。

---

101 ① **some**　　② **any**　　③ **any**

解説 ③not + any は no で言いかえることができる。I don't have any CDs. は I have no CDs. とも言う。

---

102 ① **boxes**　　② **cities**
③ **leaves**　　④ **women**

解説 複数形を答える。③の leaf(葉)→ leaves に注意。

---

103 ① **two potatoes**
② **three Americans**
③ **four Japanese**
④ **five countries**
⑤ **six teeth**　　⑥ **seven sheep**

解説 ⑥ sheep(ヒツジ)・fish(魚)・carp(コイ)などは，単数形と複数形が同じ形。

---

104 ① **cameras**　　② **dishes**
③ **×**　　④ **babies**　　⑤ **×**
⑥ **lives**　　⑦ **×**　　⑧ **Chinese**

解説 ⑦ China(中国)は1つしかないので複数形にできない。⑧ Chinese(中国人)は複数形にできる。ただし単数形と同じ形なので，たとえば「2人の中国人」は two Chinese。

---

105 ① エ　　② イ　　③ ア

解説 ①エは [z]，他は [s]。②イは [s]，他は [z]。③アは [z]，他は [iz]。

---

106 ① **I have some dictionaries.**
② **Do you need any cups?**
③ **I don't want any notebooks.**

解説 ① dictionary の複数形に注意。②「あなたはいくつかのカップが必要ですか。」some は疑問文中では any に置きかえる。③「私はノートを1冊もほしくありません。」some は否定文中では any に置きかえる。

---

107 ① **I eat some strawberries for breakfast.**
② **I don't have any English classes today.**
③ **Do you have any hobbies?**

解説 ① any が不要。「朝食に」は for breakfast。

②③どちらも some が不要。否定文や疑問文中では any を使う。

---

108 ① I have some old stamps.
② Do you have any children?
③ I don't have any foreign friends.

解説 ①(肯定文)では some，②(疑問文)と③(否定文)では any を使う。

---

17 We [You, They] are 〜.

109 ① Hideki and I are cousins.
We are cousins.
② You and Linda are classmates.
You are classmates.

解説 ①「ヒデキと私」→「私たち」　②「あなたとリンダ」→「あなたたち」

I, you, he などの並べ方

and で2つ以上の人を結びつけるときは，次のルールがある。
(A)「あなた」は最初に置く。
(B)「私」は最後に置く。
たとえば「私とあなた」は，I and you ではなく you and I と言う。これは，話している相手に敬意を表して先に言うのがマナーだから。自分を最後に置くのも同様。「トムと私とあなた」なら，you, Tom(,) and I となる。

---

110 ① They ② They are
③ and，are ④ They are

解説 ③〈A and B〉の形の主語は複数と考え，are を使う。

---

111 ① We aren't [are not] Tom's classmates.
私たちはトムのクラスメートではありません。

② You aren't [are not] little boys.
あなたたちは小さな男の子ではありません。
③ Ken and I aren't [are not] tired.
ケンと私は疲れてはいません。

解説 are の否定は are not または aren't。

---

112 ① Are you，we
② Are，we aren't [we're not]
③ Are，they are
④ Are，they aren't [they're not]
⑤ are they，They are

解説 複数形を使った質問文に対する答えの文では，we，you，they のどれかを使う。

---

113 ① These are textbooks.
② Those men aren't teachers.
③ Are these Mary's notebooks?
— Yes, they are.

解説 1つの語を複数形にすると，ほかの語も複数形になる。複数形には a[an] はつかない。

---

114 ① our ② your ③ Their
④ their

解説 you・your は単数形も複数形も同じ形。they・their は人にも物にも使う。

---

115 ① are ② Are ③ Are
④ their

解説 〈A and B〉の形の主語は複数と考える。

---

116 ① We are good friends.
② Are you brothers?
③ Are they sisters?
④ They are very cute.
⑤ This is our album.

解説 〈〜 and I〉なら全体は we(私たち)，〈you and 〜〉なら全体は you(あなたたち)。　⑤「私

の家族のアルバム」→「私たちのアルバム」と考える。

117
① Are, they are   ② we are
③ Are, they aren't
④ we aren't

解説 ②students が複数形だから, 問いの文は「あなたたちは中学生ですか。」という意味。

118
① We are   ② are fat
③ Those pictures are
④ are my

解説 ①「あなたと私」＝「私たち」 ②「これらのネコたちは太っています。」→「これらは太ったネコたちです。」 ③「あれらはとても美しい絵です。」→「あれらの絵はとても美しい。」 ④「私はこれらの辞書を使います。」→「これらは私の辞書です。」

119
① Are Ken and Tom hungry?
② Are you and Jim classmates?
  — Yes, we are.
③ Mike and his brother are high school students.
④ Are these your CDs?
  — No, they aren't.

解説 ①Ken and Tom は複数だから are を使う。 ②you and Jim は「あなたたち」と考えて, we で答える。 ③主語が複数なら, be動詞のうしろも複数形にしてaをとる。 ④these や those を使った問いには they で答える。

120
① Those pictures are beautiful.
② Are these maps?
③ Are they your pens?
  — Yes, they are.

解説 名詞はすべて複数形にする。動詞の形に注意。

121
① These cute cats are Emily's pets.

② Are your father and your mother the same age?
③ Are you and Nana in the same class?
④ Who are these boys in the photo?

解説 ②③same(同じ)の前には the をつける。 ④特定の写真を指しているので, photo の前には the がつく。

122
① Our teacher isn't busy now.
② Those women are actors.
③ Are those men your teachers?
  — Yes, they are.
④ What are those buildings?
  — They are hotels.
⑤ Are you nurses?
  — No, we aren't.
⑥ Are these your children's toys? — No, they aren't.

解説 ②主語が複数形なので, actor も複数形にして -s をつける。 ③man の複数形は men。 ②～⑥ 全部の名詞が複数形になる。

18 We play ～. / How many ～?

123
① We study
② They don't play
③ Do you, we do

解説 ②③の do は否定文・疑問文をつくる役割の語。「～をする」という意味ではない。

124
① many DVDs do you
② many classes do they have

解説 how many のうしろには必ず複数形の名詞を置く。たとえば①を(×)How many do you have DVDs? と言うのは誤り。

125 ① aren't　② don't
③ Do, do　④ Do, they do
⑤ DVDs

解説 ①「父と母は東京の出身ではありません。」
②「父の２人の兄弟は日本には住んでいません。」
③「あなたとお姉さん[妹さん]は音楽が好きです
か。―はい，好きです。」　④「あなたのクラスメ
ートたちは熱心に勉強しますか。―はい，します。」
⑤「あなたは何枚の DVD を持っていますか。」

126 ① The children love their
parents.
② How many hours do you
study in school?
③ How many people live in
your city?

解説 ② How many hours で「何時間」の意味。
③ How many people（何人の人々）が live の
主語。

127 ① They don't eat any sweets.
② Do they study English hard?
③ How many dictionaries do
you use?

解説 ① not ～ any「１つも[少しも]～ない」
③ I use <u>three</u> dictionaries. のような文の下
線部をたずねる疑問文。

第4回 実力テスト

1 ① babies　② children
③ men　④ its　⑤ their
⑥ those

解説 ①～③と⑥は複数形。④⑤は所有格。

2 ①イ　②イ　③イ　④ア
⑤イ　⑥ア　⑦イ　⑧ア

解説 ④ milk は数えられないので複数形にはし
ない。⑤はうしろに s をつける。⑥は単複同

形。⑦⑧ dollar の複数形は dollars，yen の複
数形は yen。

3 ① are　② is　③ are
④ Do　⑤ Are　⑥ am
⑦ do　⑧ is

解説 ①③⑤は主語が複数なので be 動詞は are。
④⑦はうしろに一般動詞の need・live があるの
で do を使う。

4 ① ×　② ○　③ ○　④ ○
⑤ ×　⑥ ○

解説 ① [s] と [z]。②どちらも [iz]。③どちらも
[z]。④どちらも [s]。⑤ [z] と [iz]。⑥どちら
も [z]。

5 ① エ　② ア　③ ア　④ イ

解説 ①「私たちは車を１台も持っていません。」
②「スーザンとナンシーは彼女たちの母親に毎週
末に手紙を書きます。」　③「私は窓を通して月を
見上げました。」　④「冬には秋田ではたくさん雪
が降ります。」「私たちはたくさんの雪を持ってい
ます。」と表現する。

6 ① Our cats do not eat cat
food.
② Do you know these songs?
③ Do your children play with
you?
④ How many students wear
glasses in

解説 不要な語は，①② are，③ is，④ do。④で
は How many students が主語だから，うし
ろにそのまま動詞（wear）を置く。

7 ① They are singers.
② That boy is not my friend.
③ We help our mother(s).
④ How many English textbooks
do you have?
⑤ Ms. Tanaka is our teacher.

解説 ①②うしろの名詞も変化させる。　③「私たち」が兄弟や姉妹なら We help our mother.，他人なら We help our mothers.。　④「あなたは何冊の英語の教科書を持っていますか。」　⑤「私たちはタナカ先生の生徒です。」→「タナカ先生は私たちの先生です。」

8 ① あなたたちは中学生ですか。
② あなたの友だちはみんな男の子ですか。
③ 私は彼女の写真を 1 枚も持っていません。
④ 多くの子どもたちはこれらのマンガが好きです。

解説 ③ not 〜 any で「1 つも〜ない」の意味。

9 ① These are my mother's aprons.
② Are they good brothers?
③ Do you have any American friends?
④ How many rackets do you have?

解説 すべて名詞を複数形にするのを忘れないように。

10 ① ブラウンさんと娘のサンディーは，ときどきその店に来ます。
② (2) **Are**　(3) **They**　(9) **Is**
③ **What are those vegetables?**
④ (5) **potatoes**
　(7) **strawberries**
⑤ **don't have any**
⑥ **How many**

解説 ① her daughter Sandy は「彼女の娘のサンディー」で，1 人の人物。　②(9)答えの文が Yes, that's all. となっている点に着目する。That's all. は「それで全部です，それだけです。」という意味の決まり文句。　③「あれらの」は those。　④複数形の語尾に注意。　⑤「1 つも…ない」は〈not ... any ＋複数形の名詞〉で表す。

⑥「いくつ」は how many。ふつうは後ろに複数形の名詞を置くが，この文では How many (carrots) do you want? のカッコ内が省略されている。

全訳
　ここはマイクのくだものと野菜の店です。ブラウンさんと娘のサンディーは，時々その店に来ます。
ブラウンさん：こんにちは，マイク。
マイク：こんにちは，ブラウンさん。こんにちは，サンディー。
ブラウンさん：これらの野菜は新鮮なの？
マイク：ええ，もちろんです。それらは全部，畑から届いた新鮮なものばかりです。
ブラウンさん：あれらの野菜は何？
マイク：さつまいもです。
サンディー：私は桃がほしいわ，ママ。
マイク：ごめんよ，サンディー。今日は桃は 1 つも置いていないんだ。イチゴはどうだい？
ブラウンさん：いいえ，けっこうよ。私はニンジンが何本かほしいの。
マイク：いくつさしあげましょう。
ブラウンさん：5 本ほしいわ。それにタマネギを 3 つくださいな。
マイク：それで全部ですか。
ブラウンさん：ええ，それで全部よ。
マイク：5 ドル 50 セントです。ありがとうございます。

19 He [She] plays 〜.

128 ⟩ ① **works**　② **lives**
　　③ **studies**　④ **goes**

↗ 得点アップ

名詞の複数形の s や「3 単現の s」の読み方には，次の原則がある。

語尾の音	(e)s の読み方
有声音＋ (e)s	[z]
無声音＋ (e)s	[s]
[ʃ] など＊＋ (e)s	[iz]

「有声音」とは，息と声が同時に出る音のこと。「無声音」とは，息だけが出て声が出ない音の

こと。母音はすべて有声音。子音は次のように
区別される。

有声音	[b] [d] [g] [v] [ð] [z] [ʒ] [dʒ] [m] [n] [ŋ] [l] [r] [w]
無声音	[p] [t] [k] [f] [θ] [s] [ʃ] [tʃ][h]

この原則に従って，たとえば works の s は直前が無声音([k])だから [s] と読み，goes の es は直前が有声音([ou])だから [z] と読む。
※の音＝ [s] ス・[z] ズ・[ʃ] シュ・[ʒ] ジュ・[tʃ] チュ・[dʒ] デュ。つづり字では s・ze・sh・ch・tch・ge など。

---

129 ① **have** ② **has** ③ **has** ④ **have**

解説 ③ the girl は 3 人称単数だから has。
④ Lisa and her sister は 3 人称だが複数なので，have を使う。

---

130 ① **He doesn't eat breakfast.**
彼は朝食を食べません。
② **My father doesn't use this computer.**
私の父はこのコンピューターを使いません。
③ **My aunt doesn't drive a car.**
私のおばは車を運転しません。

解説 does は do に「3 単現の (e)s」がついた形だから，うしろに置く動詞にまで「3 単現の (e)s」をつける必要はない。従って原形にする。

---

131 ① **Does, like, does**
② **Does, watch, he doesn't**
③ **Does, have, he does**

解説 〈Does ＋主語〉のうしろの動詞は原形にする。

---

132 ① イ ② ア ③ ウ ④ ア

解説 ① sometimes(ときどき)を取り外して考えると，3 単現の s が必要だとわかる。 ②「この質問はやさしいですか。」空所には be 動詞が入る。 ③ has の否定形は doesn't have。 ④「あなたのお姉さん[妹さん]は音楽を聞くのが好きで

すか。」「はい。彼女は家でよく CD を聞きます。」

---

133 ① **plays** ② **watches**
③ **studies** ④ **goes**
⑤ **does**

解説 すべて「3 単現の s」がつく。⑤は「毎日夕食のあとでトムは宿題をして，何本かのテレビゲームをして，入浴して，寝る」。

---

134 ① **likes** ② **want** ③ **Does**
④ **knows**

解説 ④ everyone(みんな)は単数扱いになるので，動詞には 3 単現の s をつける。

---

135 ① **doesn't, likes**
② **Does, doesn't, teaches**
③ **Does, does, has, are**

解説 ①最初の文は「私はサッカーが好きですが，兄[弟]は そう ではありません。」but my brother doesn't like soccer. の下線部が省略された形。 ②「オカダ先生は英語を教えていますか。」「いいえ。彼女は日本語を教えています。」 ③「ベティーはイヌを飼っていますか。」「はい。彼女は 2 ひきのイヌを飼っています。それらはとてもかわいいです。」

---

136 ① **has long hair**
② **lives in a**

解説 ①「マリコの髪は長い」→「マリコは長い髪を持っています。」 ②「サトシの家は大きい」→「サトシは大きな家に住んでいます。」

---

137 ① **He doesn't use a computer at home.**
② **Does Masako come to school by bus?**
③ **Does the boy clean his room?**

解説 ①「彼は家ではコンピューターを使いません。」 ②「マサコはバスで学校に来ますか。」 ③「その男の子は自分の部屋をそうじしますか。」

138 ① The girl has a [one] sister and two brothers.
② My brother studies math hard.
③ Does he need my help?

解説 ①「〜がいます」は「〜を持っています」と考える。 ③「〜を必要とする」は need。

20 副詞

139 ① speak English very well
② goes to bed late
③ like comics very much

解説 副詞は文の最後に置くことが多い。

140 ① every　② little
③ early every day

解説 ③「毎日早く」は early every day。(×)every day early ではない。特定の時を表す語句(例：now(今)，today(今日))はふつう文の最後に置く。

141 ① エ　② teaches, well
③ like soccer

解説 ③「今日ではサッカーは日本でとても人気があります」→「多くの日本人はサッカーが大好きです」

⑦ 得点アップ
(A) She sings well.
（彼女はじょうずに歌います。）
(B) She is a good singer.
（彼女はじょうずな歌い手[じょうずに歌う人]です。）
(A)は副詞の well(じょうずに)が sing(動詞)を説明している。(B)は形容詞の good(じょうずな)が singer(名詞)を説明している。このタイプの書きかえはよく出題される。
・He swims well. = He is a good

swimmer.
（彼は泳ぐのがじょうずです。）

142 ① speaks English very fast
② know this story a little
③ walk early in the morning every day

解説 ① very fast で「とても速く」。fast の反意語は slowly(ゆっくりと)。 ③ early in the morning で「朝早く」の意味。early の反意語は late（遅く）。

143 ① I like [love] this book very much.
② She plays the piano very well.

解説 ②「とてもじょうずに」は very well。She is a very good pianist. とも表現できる。

21 mine, yours / Whose 〜?

144 ① your, mine　② his
③ yours, hers

解説 ② his(彼のもの)は所有格の his(彼の)と同じ形なので注意。たとえば his book を1語で his(彼のもの)と言いかえることがある。her book なら hers になる。

145 ① ours　② yours
③ theirs

解説 ③「彼らのもの」「彼女たちのもの」「それらのもの」はすべて theirs。

146 ① That is Keiko's house.
② These are my brother's shoes.

解説 This book is Tom's. は, This book is Tom's (book). の(　)内が省略された形と考えればよい。

147 ① **Whose, mine**
② **Whose, is that, It's, sister's**

解説 〈Whose ＋ 名詞〉のうしろは〈is [are] ＋ 主語〉の語順になる。

148 ① **Whose is this bag?**
② **Whose are those shoes?**

解説 〈Whose is [are] ＋ 主語?〉で「〜はだれのものですか」の意味を表す。

149 ① ア   ② イ   ③ イ

解説 ① It's Keiko's (bag). の省略形。 ②「それは彼のものではありません。」という意味。 ③ I think ... は「私は…だと思います」。

150 ① **Tom's**   ② **mine**
③ **Yours**

解説 ③ yours = your computer。このように「〜のもの」という意味の代名詞を主語にすることもできる。

151 **エ**

解説 エは mine が正しい。「それら(テーブルの上の本)は私のものではありません。」という意味。

152 ① **his**   ② **they, theirs**
③ **Whose, is, It's**
④ **yours, is**

解説 ① his = 彼のもの(his bike) ② theirs = their shoes(彼らのくつ) ③答えの文が Manabu's(マナブのもの)となっているので, whose でたずねる。 ④「私たちの家は少し小さい。あなたたちの家はどうですか。」「私たちの家もそうです。」答えの文は Ours [= Our house] is (a little small), too. ということ。

153 ① **these, yours**   ② **mine**
③ **is hers**   ④ **Whose is this**
⑤ **aren't theirs**   ⑥ **is**

解説 ②「私の車は橋のそばにあります。」→「橋のそばにある車は私のです。」 ③「これは彼女のさいふです。」→「このさいふは彼女のものです。」 ⑤「これらは彼らの車ではありません。」→「これらの車は彼らのではありません。」 ⑥「この家はホワイトさんのものです。」という意味。

154 ① **The lighter on the table is my father's.**
② **Whose is this doll in the box?**

解説 ①文の最後に lighter が省略されている。 ②「〜はだれのものですか。」は Whose is 〜?。

155 ① **Whose shirts are these?**
— **They are my brother's.**
② **Is the book on the desk yours?**

解説 ①答えの文の主語は they。 ② The book on the desk is mine. が答えになるような疑問文。book も desk も特定のものなので the をつける。

22 目的格

156 ① **you**   ② **me**   ③ **him**
④ **her**   ⑤ **them**   ⑥ **us**

解説 この種の文がすらすらつくれるまで練習しよう。

157 ① **I play tennis with her.**
② **My mother cooks dinner for us.**
③ **He is kind to them.**

解説 ①「私は彼女といっしょにテニスをします。」 ②「母は私たちのために夕食をつくってくれます。」 ③「彼は彼らに親切です。」

158 ① イ   ② エ   ③ エ   ④ イ
⑤ エ   ⑥ ウ

解説 ① his(彼のもの) = his notebook ②動

詞のうしろに置くのは目的格の them。　③「彼女といっしょに」　④「おじはときどき私にプレゼントをくれます。」　⑤「タカシは私の友だちです。彼はサッカーがじょうずです。」　⑥「この質問は私たちにとっては難しすぎます。」

159 ① **him**　② **They**　③ **them**　④ **it**

解説 ①「あなたは彼を知っていますか。」　②「それらはとても役に立ちます。」　③「私はそれらを毎日使います。」　④「彼女はそれ［英語］をとてもじょうずに話します。」

160 ① **He needs her, but she doesn't need him.**
② **My father works with them.**
③ **My mother makes[cooks] lunch for me.**

解説 ②③前置詞のうしろには目的格の代名詞を置く。

第5回 実力テスト

1 ① **his**　② **theirs**　③ **cries**　④ **early**

解説 ①「彼のもの」　②「彼らのもの」　③ cry(泣く，叫ぶ)に3単現のsをつけた形。　④slow(ゆっくりした)とfast(速い)は反意語の関係。late(遅い)の反意語はearly(早い)。

2 ① ウ　② ウ　③ オ

解説 ①ウは[s]，他は[z]。②ウは[iz]，他は[z]。③オは[s]，他は[z]。

3 ① ウ　② エ　③ エ

解説 ① yours = your bicycle　②「図書館で彼を見ました。」　③「少しゆっくり運転してください。」〈**a little** ＋形容詞［副詞]〉で「少し〜」という意味。

4 ① **mine**　② **yours, his**　③ **them**　④ **Is, helps me**

解説 ①「それは私のです。」　②「この辞書はあなたのですか，それともマイクのですか。」「彼のです。私の辞書は私のかばんに入っています。」　③「あなたはこれらの3冊の本を知っていますか。」「はい。それらの全部を持っています。」　④「あなたのお兄さんはあなたに親切ですか。」「はい。彼は私の宿題を手伝ってくれます。」

5 ① **is mine**　② **children, go**　③ **sings well**

解説 ② every child(すべての子ども)は単数扱いで，動詞はgoes。allのうしろには複数形の名詞を置くので，All the childrenとなる。主語が複数だから動詞はgo。

6 ① **Nancy loves her parents.**
② **Does the girl like cooking?**
③ **Whose house is that?**
④ **Whose is the green car?**

解説 ①主語が3人称単数になるとloveにsがつく。　②主語が3人称単数になるとDoはDoesに変わる。　③「あれはだれの家ですか。」　④「緑色の車はだれのものですか。」

7 ① **one on the desk is mine**
② **How many high schools does your city**

解説 ①「どっちのノートがあなたのですか。」―「机の上のが私のです。」one は notebook のこと。②「あなたの市はいくつの高校を持っていますか。」―「5つ持っています。」

8 ① これらはわくわくする［おもしろい]小説です。私は(それらを)毎晩読みます。
② 私たちの音楽の先生は，ときどき私たち(のため)に英語の歌を歌ってくれます。

解説 ① them は「それら」。「彼ら」ではない。
② for us は「私たちのために」。

---

9 ① **My sister studies math hard.**
② **Mr. [Ms.] Ikeda teaches science to us.**

解説 ① study に3単現のsをつけると studies。
② teach に3単現のsをつけると teaches。

---

10 ① ケンは彼の学校のサッカーチームのメンバーです。
② ⑵ **practices** ⑶ **goes**
⑷ **goes** ⑸ **stays**
③ **studies at [in] the library**
④ **doesn't**

解説 ①of は「～の」。うしろから訳す。 ②主語が he なので，3単現のsをつける。 ③「彼は火曜日には図書館で勉強します。」という文をつくる。 ④「彼は日曜日には学校へ行きません。」という文をつくる。
全訳
　ケンは彼の学校のサッカーチームのメンバーです。彼は今週は3回サッカーを練習します。火曜日には図書館で勉強します。水曜日には放課後，英語教室へ行きます。金曜日には友だちと買い物に行きます。日曜日には学校へ行きません。1日中家にいます。

---

11 ① ⑴ **brothers** ⑵ **college**
⑶ **hospital** ⑷ **uncle**
⑸ **wife** ⑹ **cousins**
⑺ **grandchildren**
② (A) **Their** (B) **them**
(C) **us** ③ **Masao**

解説 ①全訳を参照。 ②(A)「彼らの2人の子どもたち」 (B)「彼らを訪ねます」 (C)前置詞のうしろは目的格。 ③「私の母の父の名前」＝「私の祖父の名前」
全訳
　私の名前はタロウです。私は高校生です。私にはヒロシとケンジという2人の兄がいます。彼らは大学生です。父は医者で，母は看護師です。彼らは同じ病院で働いています。

私のおじは弁護士で，彼の妻はデザイナーです。彼らの2人の子どもたちはどちらも高校生です。彼らは私のいとこです。私はときどき彼らを訪ねます。彼らもときどき私の家へ来て，私たちのところに泊まります。
　私の母の父の名前はマサオです。彼には5人の孫がいます。

---

23 命令文 / Let's ～.

161 ① **Come in.**
② **Wash the dishes.**
③ **Come home early.**
④ **Help me with my homework.**

解説 ④〈help＋人＋with ～〉の形に注意。Help my homework. とは言わない。

---

162 ① ジョンはこの部屋を毎日そうじします。
② ジョン，この部屋を毎日そうじしなさい。
③ この部屋を毎日そうじしてください，ジョン。

解説 ②③のように人名の前後にコンマがついているときは，呼びかけのことばと考える。

---

163 ① **Don't stand up.**
② **Don't sit down.**

解説 ①「立ち上がってはいけません。」 ②「すわってはいけません。」

---

164 ① **Be** ② **please**
③ **Don't be**
④ **Please don't be**

解説 please は文の最初にも最後にも置ける。最後に置くときは前にコンマをつける。

---

165 ① **Let's** ② **Let's, let's**
③ **Let's, let's not**

解説 Let's は Let us の短縮形で，let は「～させる」が元の意味。たとえば Let's [Let us] go. は「私たちを行かせなさい。」という命令文がもとになって「行きましょう。」という意味になる。

166 ① ウ　　② エ　　③ イ　　④ ア
　　⑤ ア　　⑥ エ

解説 ①「私の家までの道を覚えていますか。」「いいえ。だから，もう一度私に教えてください。」②「家へ帰ってはいけません。ここにいなさい。」③「いい子にしていなさい，ケン。」④「タケシ，起きなさい。」⑤ Great! は「いいね。」と同意するときに使う言い方。⑥ Why not? は「いいとも。」と同意するときに使う言い方。

167 ① ウ　　② **Don't be**

解説 ①「この部屋では静かにしなさい。」→「この部屋でさわいで[音を立てて]はいけません。」②「教室では静かにしなさい。」→「教室でさわいではいけません。」

168 ① (その)窓を開けてはいけません。
　　② 話題を変えましょう。
　　③ 自己紹介させてください。

解説 ②会話の途中で話題を変えたいときによく使う言い方。③ introduce oneself で「自己紹介をする」。

Let me ＋動詞の原形～. 「～させてください。」

let は「～させる」という動詞で，〈Let me ＋動詞の原形～.〉は「私に～させてください。」という意味を表す。会話ではよく使う言い方。
・Let me think. (考えさせてください。)
・Let me pay. (私にお金を払わせてください[私がおごります]。)
・Let me look at it.
　(それを見せてください。)
・Let me see. (ええと)※考えこむときの決まり文句。

169 ① **Listen**　　② **Wait, please**
　　③ **Please don't**
　　④ **Let's walk, let's**
　　⑤ **Let's play, let's**

解説 ② Wait (for) a minute. の for が省略された形。for a minute の文字どおりの意味は「1分間」。「少しの間」の意味でも使う。「ちょっと待って」は Just a minute. とも言う。④「～へ歩いて[走って]行く」は walk [run] to ～。

170 ① **Let's dance together.**
　　② **Emi, do your homework.**
　　③ **Please use my dictionary.**

解説 ② Do your homework, Emi. でもよい。③ Use my dictionary, please. でもよい。

24 can

171 ① ウ　　② イ　　③ ア

解説 ②③ 助動詞を含む文では「3単現の s」は使わない。

172 ① **I can't [cannot] use this software.**
　　私はこのソフトウェアを使うことができません。
　　② **We can't [cannot] fly in the sky.**
　　私たちは空を飛ぶことができません。
　　③ **My little brother can't [cannot] sleep alone.**
　　私の弟はひとりで眠ることができません。

解説 ③ sleeps が can't sleep になり，「3単現の s」はなくなる。

173 ① **Can, can**
　　② **Can, drive, can't [cannot]**
　　③ **Can, come, we can**

解説 ③ Yes, we can (come to the party). の略。英語では「相手のところへ行く」は go ではなく come で表す。

174 ① **What can we eat?**
　　② **Who can sing this song?**
　　③ **Where can I get the ticket?**

解説 疑問詞のうしろは原則としては〈can + 主語〉の語順。②は Who(だれが)が主語なので，うしろにそのまま〈can + 動詞〉を置く。

175 ① **can**　　② **Can I, can**

解説 「～してもよい」という意味を表す助動詞には can のほか may がある。たとえば②は May I sit here? とも表現できる。

176 ① イ　② エ　③ カ　④ オ
　　⑤ ア　⑥ ウ

解説 ①「あなたは毎日インターネットを使いますか。」「はい，使います。」　②「あなたは英語でメールを書くことができますか。」「いいえ，できません。」　③「あなたのパーティーに加わってもいいですか。」「どうぞ」　Sure. は「いいですよ。」と同意するときに使う。　④「だれがこの難しい問いに答えることができますか。」「リンダができます。」　⑤「私たちは市場で何を手に入れることができますか。」「あなたたちはすべてのものを手に入れることができます。」　⑥「私はどこでパンフレットをもらえますか。」「入り口へ行きなさい。」

177 ① **racket**　　② **boat**
　　③ **dictionary**

解説 ①「あなたはそれを使ってテニスをすることができます。」で，答えは「ラケット」。　②「あなたはそれに入って水の上に行くことができます。」で，答えは「ボート，船」。　③「あなたはそれの中に単語の意味を見つけることができます。」で，答えは「辞書」。

178 ① **Who can play the guitar?**
　　② **What can Eric play?**
　　③ **When can Eric play the guitar?**

解説 ①「だれがギターをひくことができますか。」　②「エリックは何を演奏することができますか。」　③「エリックはいつギターをひくことができますか。」

179 ① **can't [cannot]**　　② **Can**
　　③ **I can**

解説 ② Can you (use it)?(あなたはそれを使えますか。)の(　　)内が省略された形。

全訳
A: あなたはこのソフトウェアを使えますか。
B: いいえ，使えません。あなたは。
A: はい，使えます。

180 ① **This is**　② **Can**　③ **out**
　　④ **Can**　　　⑤ **No**

全訳
A: もしもし。こちらはイチローです。カオリさんと話せますか。
B: ごめんなさい，彼女は今外出しています。伝言を聞きましょうか。
A: いいえ，けっこうです。あとで彼女に会えますから。

🔼 得点アップ

次のような表現は，電話の会話でよく使われる。
・This is ～ (speaking).
　(こちらは～です。)
・Can [May] I speak to ～ ?
　(～さんをお願いします。)
・He isn't in. / He is out.
　(彼は外出中です。)
・Can [May] I take a message?
　(伝言をお聞きしましょうか。)
・Can [May] I leave a message?
　(伝言をお願いしてもいいですか。)
・I'll call back later.
　(あとでかけ直します。)

・You have the wrong number.
（番号をお間違えです。）

181 ① players ② can

解説 ①「彼らは野球をするのがとてもじょうずです。」 ②「私の姉[妹]は料理がじょうずです。」

182 ① The American boy can't [cannot] read Japanese.
② What can you see in this picture?
③ Can I eat [have] this cake? — No, you can't [cannot].
④ Can you help us?
⑤ We [I] can't [cannot] see any stars in the sky.

解説 ③「～を食べる」は eat のほか have も使える。 ④下の解説を参照。 ⑤「私(たち)は空に星を1つも見ることができません。」と表現する。

「依頼」の意味で使う can

Can I ～ ?は「私は～することができますか。→～してもいいですか。」の意味で使う。Can you ～ ?は「あなたは～することができますか。→～してくれませんか。」と相手に頼む場合にも使うことができる。
・Can you help me?
（あなたは私を手伝うことができますか。→手伝ってもらえますか。）

25 時刻の表し方

183 ① It, o'clock ② It's, thirty
③ What, it ④ at

184 ① in ② at ③ before
④ after ⑤ for
⑥ about

⑦ always ⑧ often
⑨ usually ⑩ sometimes

解説 ⑤for(～の間)は省略されることもある。たとえば「2時間勉強する」は study (for) two hours。⑥数字の前に about をつけると「およそ ～，約 ～」の意味になる。about fifty people なら「約50人」。⑦～⑩これらの副詞はふつう一般動詞の前に置く点に注意。

185 ① ten thirty ② thirty

解説 ①「10時30分です。」 past は「～を過ぎて」という意味の前置詞。 ②half an hour は「1時間の半分」＝30分。「4分の1」を表す quarter は，「15分」の意味でも使う。

186 ① in ② at ③ for
④ just ⑤ does

解説 ①in the morning「朝[午前中]に」 ②at noon「正午に」 ③for two hours「2時間」 ④「今はちょうど9時です。」 ⑤「試合は何時に始まりますか。」

187 ① ア ② エ

解説 ①「1時間は60分です。」 ②「試合は9時20分ごろに終わりました。」 around は about と同様に「～ごろ」の意味。at around nine twenty の at が省略されている。

188 ① Wash your hands before dinner [supper].
② What time do you usually go to bed?
③ I often take my dog to that park.

解説 ①命令文は動詞の原形で始める。「手を洗う」 wash one's hands。 ③often は一般動詞の前に置く。〈take ～ to ＋場所〉で「～を…へ連れて[持って]行く」の意味。

26 序数・曜日・月などの表し方

189 ① January first
② February third
③ April fifteenth
④ October twenty-second

解説 文字で書くときは，たとえば「4月15日」は April 15 とすることが多い(または April 15th)。15 は fifteenth と読む。

190 ① in ② on ③ It's，× ④ ×

解説 幅のある期間の前には in を，特定の日の前には on を置く。たとえば「私の誕生日に」は on my birthday。 ③ this year(今年)，last year(昨年)，next year(来年)のほか，every year(毎年)の前にも前置詞はつけない。

⑦ 得点アップ

「〜番目の」という意味を表す語は，4番目より大きい数字のときは fourth のように th をつけるのが原則。ただし，次のように語尾が少し変わるものもある。
・nine → ninth
・twelve → twelfth
・twenty → twentieth

191 ① ウ ② エ ③ イ ④ ウ

解説 ①「木曜日は水曜日のあとに来ます。」 ②「まだ暗い。もっと眠りたい。」 明暗は it を主語にして表す。〈want to ＋動詞の原形〉は「〜したい」の意味。 ③「私たちは1月20日の朝[午前中]に会議があります。」「朝に」は in the morning だが，「特定の日の朝に」は on the morning of 〜と言う。 ④「彼女は毎週日曜日に買い物に行きます。」every の前には前置詞はつけない。

192 ① January ② fifth
③ second ④ What，week

解説 ①「12月のすぐあとには何月が来ますか。」 ②「5月は1年で5番目の月です。」 ③「Aはアルファベットの最初の文字です。Bは2番目で，Cは3番目です。」 ④「今日は何曜日ですか。」「金曜日です。」

193 ① far is it from Tokyo to
② We have a school trip next month.

解説 ① 距離は it を主語にして表す。「どのくらい遠くに〜」は How far 〜?。 ②「私たちは修学旅行を持っています。」という形にする。next month(来月)の前には前置詞はつけない。

27 年齢・身長の表し方

194 ① Naomi is thirteen years old.
② My grandmother is seventy-two years old.
③ My grandfather is eighty-five years old.

解説 years old を省略して，Naomi is thirteen. のように言ってもよい。

195 ① How old，I'm
② How tall
③ How long

解説 たとえば①の How old は「どのくらい年をとっていますか。」ということ。 ②の答えの文の tall は省略できる。 ③の答えの文は，最後に long を加えてもよい。

196 ① old ② tall ③ much
④ many ⑤ long

解説 ①は年齢，②は背の高さ，③は値段をたずねる言い方。 ②の6 feet は約180 cm(1フィート＝約30 cm)。 ④「あなたは家で何時間勉強しますか。」「2時間です。」 ⑤「あなたはここにどのくらい(の期間)滞在しますか。」「1週間です。」

197 ① She is thirty-nine (years old).
② He has two (brothers).
③ I [We] need three thousand yen.
④ She is a [one] hundred (and) fifty-six centimeters (tall).
⑤ It's two thousand, five hundred (and) thirty meters (high).

解説 ② brothers は省略してもよい。 ③「あなたはいくらのお金が必要ですか。」「3千円必要です。」 ④「100」は a hundred または one hundred。and は省略してもよい。 ⑤「2千」は two thousand。thousands とはしない。

大きな数字の読みかた

and は 2 つ以上のものや人を結びつけることばで, 次のように使う。
(A) ケンとメアリー = Ken and Mary
(B) ケンとメアリーとジョンとリサ
= Ken, Mary, John and Lisa
(B) のように 3 つ以上のものを結びつけるときは, 〈A, B, C, ...(,) and X〉のようにコンマで並べて, 最後の語の前にだけ and を置く。
このことを知った上で, たとえば「5,234」の読み方を考えてみよう。このような大きな数字は,「① 5 × 1,000 + ② 2 × 100 + ③ 34」のように読む。① は five thousand。② は two hundred。③ は thirty-four。「+」を and と考えた場合, 次のように読むことになる。
・5,234 = five thousand, two hundred(,) and thirty-four
これが標準的な読み方だが, and は省くこともできる。thousand や hundred は複数形にしない点に注意。

198 ① This baby is six months old.
② How old is your school?
— It's fifteen years old.

解説 ②「あなたの学校は何歳ですか。」「15歳です。」と表現する。

28 Wh-, How で始まる疑問文

199 ① When is your birthday?
② When do you get up every morning?
③ When do you usually do your homework?

解説 ①「あなたの誕生日はいつですか。」
② When の代わりに What time を使ってもよい。 ③「あなたはふだんいつ宿題をしますか。」

200 ① Where do you study on Sundays?
② Where do you usually play soccer?
③ Where does your father take a walk?

解説 ①「あなたは日曜日にはどこで勉強しますか。」 ②「あなたはふだんどこでサッカーをしますか。」 ③「あなたのお父さんはどこで散歩をしますか。」

201 ① How is your family?
② How do you come to school?

解説 ① の how は「どんな調子ですか」, ② の how は「どのようにして」とたずねる言い方。

202 ① Who ② When ③ What
④ Where ⑤ How ⑥ What
⑦ How ⑧ Which
⑨ Whose ⑩ What [Which]

解説 ①「あの男の人はだれですか。」 ②「あなたはいつテニスをしますか。」 ③「彼は日曜日には何をしますか。」 ④「あなたのお父さんはどこで働いていますか。」 ⑤「あなたの先生は何歳ですか。」 ⑥「試合は何時に始まりますか。」 ⑦「あなたはどうやって学校へ行きますか。」 ⑧「どちらがあなたのかばんですか。」 ⑨「これはだれのかさですか。」 ⑩「あなたは何色が好きですか。」

what と which の違い

what が「何(の)」という意味を表すのに対して，which は「(特定のもののうちで)どれ，どの」という意味を表す。

(A) What color do you like?
　　(あなたは何色が好きですか。)
(B) Which color do you like?
　　(あなたはどの色が好きですか。)

(A)はばくぜんと「何色が好きですか」とたずねる言い方。(B)の場合は，話し手の頭の中にいくつかの色が浮かんでおり，その中でどれが好きか，とたずねている。このように which には，「特定のものの中からどれかを選ぶ」という気持ちがこめられている。

---

203 ① ウ　② エ　③ イ　④ エ
　　　⑤ ア

解説 ①「あなたはいつピアノをひきますか。」「毎日夕食のあとでひきます。」　②「あなたのお姉さん[妹]はどのようにして買い物に行きますか。」「電車で行きます。」　③「これはだれのノートですか。」「ユミのです。」　④「ここから駅までどのくらい離れていますか。」「わずか１キロです。」⑤「向こうの天気はどうですか。」「雨が降っています。」

---

204 ① When, February
　　　② Which, is yours
　　　③ How is　④ on foot
　　　⑤ How

解説 ④「いいえ。私は歩くのが好きなので，歩いて学校へ来ます。」on foot は「歩いて，徒歩で」。⑤「あなたはどのようにして日曜日を過ごしますか。」「よく川へつりに行きます。」

---

205 ① Where does Ichiro play baseball?
　　　② How do you go [come] to school?
　　　③ When [What time] does Kenta go to bed every day?

④ How long [How many hours] do you sleep every day?

解説 ①場所は where(どこで)でたずねる。②方法は how(どのようにして)でたずねる。③時は when(いつ)や what time(何時に)でたずねる。　④時間の長さは how long(どのくらい長く)や how many hours(何時間)でたずねる。

---

206 ① How does your father go to
　　　② How do you like Japanese food
　　　③ Which train goes to Tokyo

解説 ②How do you like 〜?は「〜(の感想)はいかがですか。」という意味の決まり文句。③「どの電車が東京へ行きますか。」「あの青い電車です。」「どの電車」は which train。go と is が不要。

---

207 ① Where do you practice baseball?
　　　② Which woman is your teacher?
　　　③ What language(s) do people use in the [that] country?

解説 ②which woman は，「(2人のうち)どちらの女性」，または「(3人以上のうち)どの女性」の意味。　③what の代わりに which を使ってもよい。話し手が「その国で使われている言語は1つだ。」と思ってたずねているときは what language(単数形)，「その国では2つ以上の言語が使われている。」と思っているときは what languages(複数形)になる。

第6回 実力テスト

1 ① イ　② ウ　③ エ

解説 ①「1年の3番目の月は3月です。」　②「ワ

タルとぼくは明日つりに行くんだ。君はいっしょに来られるかい。」「ごめん，行けないんだ。でもとにかくありがとう。」 Thanks anyway. は，相手の誘いを断るときの決まり文句。 ③「遅れてごめん。」「だいじょうぶ。時間はまだたっぷりあるよ。」「映画はいつ始まるの？」「７時だよ。さあバスが来た。」

---

2 ① **twelfth** ② **minutes**
　 ③ **course**

解説 ①「12 月は 1 年の 12 番目の月です。」 ②「今は 12 時 50 分です。1 時までにまだ 10 分あります。」 ③ of course は「もちろん（いいですよ）」の意味。

---

3 ① **is, tall**
　 ② **Can you, I can't [cannot]**
　 ③ **How long, About**

解説 ②「無理だよ」は「解けません」と考える。③時間や期間の長さは，how long でたずねる。

---

4 ① **September**
　 ② **Wednesday** ③ **help**

解説 ①「9 月は 1 年の 9 番目の月です。」②「水曜日は火曜日と木曜日の間に来ます。」 ③「トム，ぼくの宿題を手伝ってよ。」（命令文）トムのあとにコンマがあるので，呼びかけだとわかる。

---

5 ① **good, player**
　 ② **How much** ③ **What time**

解説 ②「このコンピューターの値段(price)は何ですか。」→「このコンピューターはいくらですか。」 ③ Do you have the time? は「何時ですか。」という意味の決まり文句。Do you have time?（時間がありますか。）と混同しないように。

---

6 ① **how do you come to school**
　 ② **What day of the week is it**
　 ③ **My child is ten months old**
　　 and cannot speak

解説 ①「ジム，あなたは毎日どうやって学校に来るの？」 ③「〜歳です」の years を months に置きかえる。〈not 〜 yet〉は「まだ〜ない」。

---

7 ① **School starts in September**
　　 in America [the U.S.].
　 ② **Let's have [eat] lunch under**
　　 that tree.
　 ③ **How old is this church?**

解説 ① In America を文の最初に置いてもよい。③「この教会は何歳ですか。」と表現する。

---

8 ① **first floor** ② **next week**
　 ③ **two**
　 ④ **three hundred yen**
　 ⑤ **one**

解説 ①「服は何階で買うことができますか。」 最初の行に 1st Floor（1 階）とあり，そこに Clothes が入っている。1st は first を短くした形。同様に second は 2nd，third は 3rd，fourth は 4th と書くことができる。
②「T シャツ週間はいつですか。」 右下のワクに，T-shirts Week will come Next Week!!（T シャツ週間は来週来ます。）とある。will は未来を表す語。
③「特価で何枚の T シャツを買うことができますか。」右下の広告の内容は，「先着[最初の] 100 名様は，すべての T シャツが半額です。お一人様 2 枚までです。あなたは 2 枚の T シャツを手に入れることができます。」ということ。up to 〜は「〜（の限度）まで」。
④「古い T シャツはいくらで買いとってもらえますか。」 they は店の人を指す。左下のワク内に，「私たちはそれを買うことができます。」という広告があり，CD など 3 つの品物の値段が書かれている。T-shirt は ¥300 とあるので買い取り価格は 300 円。
⑤「彼らの電話番号の最後の数字は何ですか。」左下の広告に，Call us ....（私たち…にお電話ください。）とある。電話番号の最後の数字は 1。

9 ① ウ　　② **Where am I**
　③ （あなたは）およそ10分でそこに着
　　くことができます。
　④ (1) B　(2) エ

解説 ①Here you are. は「はい，どうぞ[これ
です]。」と相手に物を差し出すときに使う決まり
文句。 ②答えの文が You are here. だから，
疑問文は am I を使う。③get to ～は「～に着
く」という意味。get there で「そこに着く」。
in は「（今から）～のうちに，～後に」。 ④ケン
ジは「2つ目の信号で右に曲がると左側に公園が
見える。」と説明しているので，公園は B。市立
美術館は公園のとなりだからエ。next to ～は
「～のとなりに」の意味。もし美術館がウにあるな
ら，ケンジは The city museum is in front
of the park.（市立美術館は公園の前にありま
す。），あるいはその前の文で Then you can
find the museum on your right.（美術館は
右手に見つかります。）と言うはず。

全訳
ケンジ：失礼ですが。何かお手伝いしましょうか。
エマ　：ああ，ありがとうございます。市立美術館
　　　　へ行くことができないのです。
ケンジ：地図を持っていますか。
エマ　：ええ。これです。私はこの地図でどこにい
　　　　ますか。
ケンジ：あなたはここにいます，駅のすぐ前です。
　　　　このとおりをまっすぐ行って，2つ目の信
　　　　号で右に曲がってください。
エマ　：2つ目の信号で右に曲がるんですね。
ケンジ：はい。そうすると左手に公園が見つかりま
　　　　す。市立美術館は公園のとなりです。
エマ　：美術館までどのくらい距離がありますか。
ケンジ：およそ10分でそこに着くことができます。
エマ　：どうもありがとうございます。

29 ～がある[いる]；There is ～.

208 ① **is on**　② **are in**　③ **are**

解説 be 動詞のうしろに場所を表す語句を置くと，
be 動詞は「（物が）～にある」「（人が）～にいる」
という意味になる。

↗得点アップ
場所を表す副詞が be 動詞のうしろに置かれる
こともある。
・Your bag is here.
　（あなたのかばんはここにあります。）
・The boys are over there.
　（男の子たちは向こう[あそこ]にいます。）
・I am home today.
　（私は今日は家にいます。）
・He is out [away].
　（彼は外出中[留守]です。）

209 ① **Is, near, it**
　② **Where is, It's**
　③ **What is, is**

解説 質問の文の主語は，①では your school，
②では your bike，③では What。

210 ① **There is a boy by the
　　gate.**
　② **There are two cats under
　　the table.**
　③ **There are some birds on
　　the lake.**

There is the ～とは言わない
次の2つの文の違いに注意しよう。
(A) The book is on the desk.
　（その本は机の上にあります。）
(B) There is a book on the desk.
　（机の上に本があります。）
下線部を入れかえた文は誤り。
(×)A book is on the desk.

(×)There is the book on the desk.
（A）の形では，特定のもの（話し手も聞き手もすでに知っている物や人）が主語になる。（B）の形では，話し手が初めて話題にする（不特定の）物や人を There is [are] のうしろに置く。（A）のように文の最初に置くのは，This book, My book, The two books など（特定の本）。（B）のように There is [are] のうしろに置くのは，two books, some books など（不特定の本）。

211 ① **There isn't [There's not]**
② **There aren't**
③ **Is there，there**
④ **Are there，there aren't**

解説 there を使った文では，否定文は be 動詞のうしろに not を置く。疑問文は be 動詞を there の前に出す。答えるときも there を使う。

212 ① **There are**
② **Where are，They are**
③ **There are no [There aren't any]**

解説 ③たとえば「教室には生徒は1人もいません。」は，There are no students in the classroom. とも言う。これと同様に考えると，fish は複数形も fish だから，There are no fish in this pond. となる。

213 ① **are seven** ② **has**

⑦得点アップ
次の言いかえは，よく出題される。
There are 数字＋A［複数形の名詞］in B.
（Bの中には〜個のAがあります。）
→ B has 数字＋A［複数形の名詞］.
（Bは〜個のAを持っています。）
たとえば①は，「1週間は7日を持っている。」
=「1週間の中には7日がある。」と考える。

214 ① **Are there any beautiful pictures on**
② **How many students are there in**

解説 ①疑問文中では〈any＋複数形の名詞〉を使う。 ②How many のうしろには，必ず複数形の名詞（ここでは students）を置く。うしろは疑問文の語順（are there）になる。

215 ① **Where is Sally?**
② **How many days are there in August?**

解説 ①「サリーはどこにいますか。」 ②「8月は何日ありますか。」この文は，How many days does August have?（8月は何日を持っていますか。）と言いかえられる。

216 例（順不同）
（A）
① **There is a cat under the table.**
② **There is an umbrella [a cat] on the sofa.**
③ **There is a computer on the desk.**
④ **There is a cap [smartphone] on the table.**
⑤ **There is a T-shirt [bag] on the floor [under the desk].**
（B）
① **There are three pictures on the wall.**
② **There are two flower pots near [by] the window.**
③ **There are two cats [tables] in the [this] room.**

解説 〈There is a [an]＋単数形の名詞〉または〈There are＋複数形の名詞〉の後ろに，場所を表す語句（under the table など）を置いて表す。

There で始まる文でよく使う主な前置詞には，次のようなものがある。
・around（〜のまわりに）
・by（〜のそばに）
・in（〜の中に）
・in front of（〜の前に）
・near（〜の近くに）
・on（〜の上に，〜にくっついて）
・over [above]（〜の上の方に（離れて））
・under（〜の下に）

---

217 ① There are many [a lot of] countries in the world.
② How many photos [pictures] are there in this album?

解説 ①「たくさんの」は，many，a lot of，lots of のうしろに複数形の名詞を置いて表す。

---

30 現在進行形

218 ① I am [I'm] playing a video game.
② Some boys are swimming in the river.
③ Mariko is writing a letter to her friend.
④ We are having lunch in the cafeteria.

解説 ①「私はテレビゲームをしているところです。」 ②「何人かの男の子が川で泳いでいます。」 ③「マリコは友だちに手紙を書いているところです。」 ④「私たちは軽食堂で昼食を食べているところです。」

現在進行形にできない動詞

(A) eat，go，play などの「動作」を表す動詞は，「〜しているところだ」という意味を表す現在進行形にできる。
(B) **have**（持っている），**like**（好きである）などの「状態」を表す動詞は，現在進行形にできない。
・I have [× am having] two brothers.（私には兄弟が2人います。）
両者の違いは，「〜しているところです」と訳せるかどうかで判断するとよい。たとえば I am having を「私は持っているところです」と訳すと不自然な意味になる。なお，have は「持っている」という意味では現在進行形にできないが，「食べる」という意味では I am having と言える（「食べているところです」という日本語は自然だから）。

---

219 ① not studying
② aren't watching
③ isn't making [cooking]

解説 現在進行形には be 動詞が含まれているので，否定文や疑問文は be 動詞を使った他の文と同じようにつくることができる。

---

220 ① Are you，am
② Is，doing，isn't
③ Are，playing，we are

解説 現在進行形の疑問文には，be 動詞を使って答える。たとえば①は，Yes, I am (listening to music). の（　）内が省略されたもの。

---

221 ① What is Tetsuya making?
② Where are you going?
③ Who is playing the guitar?

解説 文の主語は，①では Tetsuya，②では you，③では Who。

---

222 ① ア ② ウ ③ イ ④ ア
⑤ エ

解説 ①②③ now（今）があるので，「〜しているところです。」という現在進行形にする。
④ know（知っている）は状態を表す動詞なので，現在進行形にできない。 ⑤「何人の子どもたちがプールで泳いでいますか。」

223 ① **are running** ② **Are**

解説 ①つづりに注意。-ing をつけるとき最後の
文字を重ねる動詞は, running, swimming,
stopping など。 ②「メアリーとトムはテレビ
を見ていますか。」「いいえ。メアリーは本を読ん
でいて, トムはテレビゲームをしています。」

224 ① **My sister is cleaning her room now.**
② **Where are you going?**

解説 ①「姉[妹]は今部屋をそうじしています。」
②「あなたはどこへ行くところですか。」

225 ① **Mr. Tochigi is talking on the phone.**
② **What are the children doing in the room?**

解説 ① on the phone は「電話で」 ② は are
が不足。

226 ① **ウ** ② **looking**
③ (3) **color** (4) **about**
(5) **much**

解説 ① What can I do for you? の直訳は「私
はあなたのために何をすることができますか。」
店員が「いらっしゃいませ[ご用はありますか]。」
と客にたずねるときに使う。 ② look for(～を
さがす)を現在進行形にする。 ③(3) Blue. と
答えているので what color「何色」にする。
(4) How about ～?「～はどうですか。」
(5) How much is ～?「～(の値段)はいくら
ですか。」

全訳

A：いらっしゃいませ。
B：セーターをさがしているのですが。
A：何色がご入用ですか。
B：青です。
A：これは若い人たちの間で人気があります。
B：これはかわいいですね, でも私には少し大きい
　　です。もっと小さいのはありますか。
A：それでは, これはどうですか。
B：これはすてきですね。いくらですか。

A：13 ドルです。

31 過去形(規則動詞)

227 ① **walked** ② **listened**
③ **lived** ④ **studied**
⑤ **stopped**

得点アップ

過去形と -ing 形を誤りやすい動詞には, 次の
ようなものがある。丸暗記しておこう。

	過去形	-ing 形
play(遊ぶ)	played	playing
stay(とどまる)	stayed	staying
study(勉強する)	studied	studying
try(試みる)	tried	trying
drop(落ちる)	dropped	dropping
stop(止まる)	stopped	stopping
die(死ぬ)	died	dying
lie(横になる)	lay	lying

228 ① **called, ア** ② **cleaned, ア**
③ **cried, ア** ④ **helped, イ**
⑤ **needed, ウ** ⑥ **opened, ア**
⑦ **waited, ウ** ⑧ **washed, イ**

得点アップ

規則動詞の過去形の -ed の発音には, 次の原
則がある。(本冊 p.116 228 の下の解説を参照)
・有声音 + ed → [d] called・learned・tried
・無声音 + ed → [t] asked・looked・
　　　　　　　　　　　　watched
・[d][t] + ed → [id] visited・wanted・
　　　　　　　　　　　 waited・ended

229 ① **She didn't [did not] join the party.**
彼女は(その)パーティーに参加しま
せんでした。
② **I didn't [did not] talk with the foreign student.**

私は(その)外国人の生徒と話しませんでした。

解説 did は do・does の過去形と考えればよい。

230 ① **Did, study, did**
　　 ② **Did, open, didn't**

解説 Did で始まる疑問文に答えるときは，did・didn't を使う。

231 ① **I watched the game last night.**
　　 ② **They lived in America two years ago.**

解説 ①「ゆうべ」は last night。②「2年前」は two years ago。

232 ① **studied**　② **plays**
　　 ③ **moved**

解説 ① last night(ゆうべ)があるので過去形にする。 ② every day(毎日)があるので現在形にする。 ③「私たちは1週間前にこの町に引っこして来ました。」

233 ① イ　② エ　③ イ　④ ウ
　　 ⑤ ウ　⑥ ウ

解説 ①イは [d]，他は [t]。②エは [d]，他は [t]。③イは [t]，他は [d]。④ウは [t]，他は [d]。⑤ウは [t]，他は [d]。⑥ウは [t]，他は [id]。

234 ① イ　② ウ　③ エ

解説 ① you and your sister は we(私たち)で受ける。 ②「ああ，そうなんですか。」という答え方。Oh, did you (start to learn Korean last month)? (ああ，あなたは先月韓国語を学び始めたのですか。)のカッコ内を省略した形。 ③ die(死ぬ)の過去形は died。

235 ① **they did**　② **did**
　　 ③ **didn't**　④ **invited**

解説 ①「あなたの友だちたちはきのう公園へ行きましたか。」「はい。」 ②「父はきのうおばを訪ねました。」「ああ，そうなんですか。」 ③「エマはふだんは朝食を食べますが，きのうの朝は食べませんでした。」but she didn't (eat breakfast) の意味。 ④「私たちは娘の誕生パーティーに40人の子どもたちを招待しましたが，わずか15人しか来ませんでした。」

236 ① **He didn't[did not] answer any questions.**
　　 ② **Where did he live last year?**
　　 ③ **What did the scientist invent?**

解説 ①「彼は質問に1つも答えませんでした。」 ②「彼は去年どこに住んでいましたか。」 ③「その科学者は何を発明しましたか。」

237 ① **I cleaned my room three days ago.**
　　 ② **Who washed the dishes after dinner[supper]?**
　　 ③ **I didn't[did not] watch the game on TV last night.**
　　 ④ **Did you go to the concert last week?**

解説 ②過去形の疑問文はふつうは did を使ってつくるが，この文では Who が主語なので，うしろに過去形の動詞(washed)をそのまま置く。

32 過去形(不規則動詞)

238 ① **began**　② **broke**
　　 ③ **brought**　④ **bought**
　　 ⑤ **caught**　⑥ **came**
　　 ⑦ **did**　⑧ **ate**　⑨ **found**
　　 ⑩ **got**　⑪ **gave**　⑫ **went**
　　 ⑬ **had**　⑭ **heard**　⑮ **knew**
　　 ⑯ **left**　⑰ **made**　⑱ **met**
　　 ⑲ **read**　⑳ **said**　㉑ **saw**

㉒ sang　㉓ swam　㉔ took
㉕ taught　㉖ told
㉗ wrote

解説 不規則変化をする動詞の過去形には, began, sang, swam のように多少の規則性があるものもあるが, 丸暗記するほうが早い。

239 ① We didn't [did not] go to the zoo last Sunday.
私たちはこの前の日曜日に動物園へ行きませんでした。
② I didn't have any money then.
私はそのとき少しもお金を持っていませんでした。

解説 規則動詞の場合と同様に, 否定文は〈didn't＋原形〉になる。

240 ① hear, did
② come, didn't

解説 規則動詞の場合と同様に, 疑問文は〈Did＋主語＋原形 …?〉になる。

241 ① did, buy, bought
② Where did, met
③ How, went
④ What did, say, said
⑤ Who broke, did

解説 答えの文の過去形に注意。 ⑤の Jim did. は Jim broke it. を言いかえたもの。

242 ① bought　② heard
③ ate　④ knew　⑤ setting
⑥ eight　⑦ blue

解説 ①〜④は過去形, ⑤は -ing 形, ⑥⑦は「発音が同じでつづりが違う語」を答える。

(ア) 得点アップ
「同じ発音で, つづりが異なる語」をまとめてみよう。

・[blúː]：　blue(青)
　　　　　　― blew(blow[吹く]の過去形)
・[éit]：　eight(8) ― ate(eat の過去形)
・[híər]：　hear(聞く) ― here(ここに)
・[áuər]：　hour(時間) ― our(私たちの)
・[míːt]：　meet(会う) ― meat(肉)
・[n(j)úː]：　new(新しい)
　　　　　　― knew(know の過去形)
・[nóu]：　no(いいえ) ― know(知っている)
・[wʌ́n]：　one(1)
　　　　　　― won(win[勝つ]の過去形)
・[pǽst]：　past(〜を過ぎて)― passed
　　　　　　(pass[過ぎる]の過去形)
・[píːs]：　peace(平和) ― piece(一切れ)
・[réd]：　red(赤(い))
　　　　　　― read(read[読む]の過去形)
・[ráit]：　right(右, 正しい) ― write(書く)
・[síː]：　see(見る) ― sea(海)
・[sʌ́n]：　son(息子) ― sun(太陽)
・[ðéər]：　there(そこに) ― their(彼らの)
・[θrúː]：　through(〜を通って)― threw
　　　　　　(throw[投げる]の過去形)
・[wíːk]：　week(週) ― weak(弱い)

243 ① イ　② ウ　③ イ

解説 ①「はい,（私たちは買い物に）行きました。彼女は〜を買いました。」 ②「ボブは私の誕生日に私にプレゼントを持って来てくれました。」③「その有名な歌手はいつ日本に来ましたか。」「3週間前です。」

244 ① ウ　② ウ

解説 ①「去年の5月にはたくさん雨が降りました。」 上の文の a lot は「たくさん(much)」の意味の副詞。 ②「彼はそのときお金を少しももらいませんでした。」

245 ① and Yumi came from Osaka
② saw an old friend of mine on the bus
③ What kind of fruit did you eat

④ **Who gave the bag to your sister**

解説 ②「私の友だちの1人」は、a friend of mine と言う。「昔からの友達」は「古い友だち」なので、a friend が an old friend になる。③ a kind of ～は「一種の～」。この kind は「種類」の意味の名詞。「どんな種類の～」とたずねるときは、What kind of ～で文を始める。④〈give ＋物＋ to ＋人〉「～を…に与える、あげる」。did が不要。

246 ① (1) **went** (2) **wrote**
(3) **played**
② (A) **8** (B) **3**

解説 ①過去形にする。 ②(A)メールを書いた生徒の人数。40人のうちの20％だから8人。 (B)テレビゲームをした生徒の人数。40人から引き算していくと、残りは3人になる。

全訳
エリコのクラスには40人の生徒がいます。生徒たちの50％以上がテレビを見ました。1人の生徒だけが家族といっしょにハワイへ行きました。彼女は現地の料理を食べたり海で泳いだりして楽しみました。生徒たちの20％は友だちにメールを書いて「あけましておめでとう」と言いました。4人の生徒はお寺や神社を訪ねました。ほかの生徒たちは家でテレビゲームをしました。

33 was, were (be 動詞の過去形)

247 ① **was** ② **were** ③ **was**
④ **were** ⑤ **was**

解説 am・is の過去形は was、are の過去形は were。

248 ① **was not** ② **were not**
③ **Was it, was**
④ **Were you, I wasn't**

解説 否定文は was [were] not。疑問文は was [were] を文の最初に出し、was [were] で答える。

249 ① **was** ② **Is** ③ **were**
④ **was interesting**

解説 ①「あなたのかばんはきのう私の机の上にありました。」 ②「あなたのお父さんは今家にいますか。」 ③「マリコと私は去年同じクラスにいました。」 ④ interesting の代わりに exciting (わくわくする)を使ってもよい。

250 ① **are** ② **came** ③ **know**
④ **were** ⑤ **stayed** ⑥ **go**

全訳
A：こんにちは、ボブ。ごきげんいかが。
B：いいよ。君はどうだい。
A：私もよ。私はオーストラリア旅行から帰ってきたばかりなの。
B：本当かい？それは知らなかった。どのくらい向こうにいたの？
A：10日間よ。1月3日から12日まで滞在していたの。
B：わあ、すごいね。オーストラリアではどこへ行ったの？
A：シドニー、メルボルン、キャンベラの3つの都市を訪ねたわ。

251 ① **Where were you born?**
② **I was in [at] the library at ten (o'clock) in the morning.**
③ **It wasn't [was not] very cold this winter.**

解説 ②「午前10時」は at ten a.m. でもよい。③天気や寒暖は it を主語にして表す。「あまり～ない」は〈not ... very ～〉。

34 過去進行形

252 ① **I was playing video games.**
② **The children were playing in the park.**
③ **He was having dinner at home.**

解説 ① 「私はテレビゲームをしていました。」
② 「その子どもたちは公園で遊んでいました。」
③ 「彼は家で夕食をとっていました。」

253 ① **wasn't watching**
② **weren't studying**
③ **Was, making [cooking], she was**
④ **Were, sleeping, I wasn't**
⑤ **were, doing, were playing**
⑥ **were, going, was going**

解説 否定文は wasn't [=was not]・weren't [=were not] の後ろに動詞の～ing 形を置く。疑問文は was・were を動詞の前に出してつくり，答えるときも was・were を使う。

254 ① エ ② ウ ③ ウ ④ エ

解説 ① 「私は海岸へ行きました。多くの人々が海で泳いでいました。」 ② 「けさ8時に雨は降っていましたか。」「いいえ。曇っていました。」 ③ 「先生が私を訪ねてきたとき，私は入浴しているところでした。」 ④ 「君たちはどこでキャッチボールをしたの？」「公園だよ。」

255 ① **He wasn't [was not] using that computer then.**
② **Was the boy crying then?**
③ **What was the girl eating?**

解説 ① 「彼はそのときそのコンピューターを使っていませんでした。」 ② 「その男の子はそのとき泣いていましたか。」 ③ 「その女の子は何を食べていましたか。」

256 ① **were, doing**
② **Where were you**
③ **No, I wasn't**

解説 ① 「その子どもたちは何をしていましたか。」「彼らは花火で遊んでいました。」 ② 「あなたたちはどこに泊まっていましたか。」「私たちは駅のそばのホテルに泊まっていました。」 ③ 「ゆうべの11時には眠っていましたか。」「いいえ。テレビを見ていました。」

35 前置詞

257 ① **at** ② **on** ③ **×** ④ **×**
⑤ **to** ⑥ **×** ⑦ **×** ⑧ **at**
⑨ **to**

解説 ③④ every [last, next, this] Sunday などの前には前置詞は不要。 ⑤⑥ go to と visit はほぼ同じ意味。 ⑦⑧ see は「見える」，look は「目を向ける」。look at ～で「～を見る」の意味。 ⑨ listen to ～は「～に耳をかたむける，～を聞く」。

得点アップ
〈動詞＋前置詞〉の結びつきをできるだけ多く覚えよう。
・arrive at [in] ～（～に着く）
 ＝ get to ～（～に着く）
・belong to ～（～に所属している）
・come from ～（～の出身だ）
・get into ～（～に入る）
 ↔ get out of ～（～から出る）
・hear from ～（～から便りがある）
・laugh at ～（～を笑う）
・leave [start] for ～（～に向けて出発する）
・look after ～（～の世話をする）
・look for ～（～をさがす）
・look forward to ～（～を楽しみに待つ）
・speak to ～（～に話しかける）
・stay with ～（～の家に泊まる）
・wait for ～（～を待つ）

258 ① **over** ② **with** ③ **by**
④ **from** ⑤ **for**

解説 ① on は「くっついている」の意味だから，水面に浮かんでいるときは on the lake でよいが，離れて上の方にいるときは over [above] the lake と言う。 ③〈by ＋交通手段〉のときは，a や the はつけない。

259 ① **on** ② **by** ③ **after**

解説 ①特定の日は on で表す。 ② by bus「バ

スで」　③「水曜日は火曜日のあとに来ます。」

---

260 ① イ　② ア　③ ウ　④ エ
　　　　⑤ イ　⑥ ア

解説▶ ①「壁にきれいな絵があります。」　②「オレンジ色は赤色と黄色の間にあります。」between A and B で「AとBの間に」の意味。③「私は川へつりに行きました。」　④「私はきのう2時間勉強しました。」　⑤「木曜日は金曜日の前に来ます。」　⑥「彼女はペンで祖母に手紙を書きました。」

---

261 ① She can write an e-mail in English.
　　　　② We arrived in Kyoto a little before eleven (o'clock).
　　　　③ I'm [I am] looking for an English book for children.

解説▶ ①in English「英語で」　②arrive in 〜「〜に到着する」。駅などのせまい場所に到着するときは，arrive at the station のように at を使う。「〜の少し前」は a little before 〜。③「子どもたちのための英語の本」と考えて for を使う。

第7回 実力テスト

---

1 ① hit　② son　③ babies
　　　④ feet　⑤ niece　⑥ third

解説▶ ①原形：過去形　②同じ発音の語。won は win(勝つ)の過去形，sun「太陽」，son「息子」③④単数形：複数形。foot は「足，フィート(長さの単位)」　⑤男性：女性。nephew「おい」，niece「めい」　⑥数字：「〜番目の」

---

2 ① エ　② イ　③ ア　④ ウ

解説▶ ①順に [t] ／ [d][d][id][t]　②順に [z] ／ [iz][z][iz][s]　③順に [u] ／ [u][ju:][u:][ou]　④順に [k] ／ [tʃ][ʃ][k][tʃ]

---

3 ① ア　② ア　③ ウ　④ ウ
　　　⑤ イ　⑥ ウ

解説▶ ①「デイビッドとあなたのお兄さん[弟]は今その家にいますか。」　②「この本は私のですが，あれはだれのですか。」　③「私はふだん朝6時に起きます。」　④「私は12月26日に北海道を訪ねます。」　⑤「私たちは金曜日までここにいる予定です。」　⑥「その少女は暗闇をこわがりました。」

---

4 ① February　② ninth
　　　③ looking　④ turn　⑤ left

解説▶ ①「先月は1月でした。来月は3月になります。だから今月は2月です。」　②「9月は1年の中で9番目の月です。」　③母「何をしているの？」ヨウコ「辞書をさがしているの。」母「お父さんがけさ持って行ったわよ。」　④男性「すみません。博物館へ行く道を教えてもらえますか。」カナ「いいですよ。この通りを進んで，2番目の角を左へ曲がってください。左手に見えます。」男性「ありがとう。」　⑤カオリ「佐藤先生を探しています。ここにいらっしゃいますか。」ブラウン先生「いいえ，いません。15分前に学校を出ました。」

---

5 ① Who will speak
　　　② How did he come
　　　③ week is it
　　　④ Where are you
　　　⑤ What were you doing
　　　⑥ How was

解説▶ ①「だれが明日の開会式でスピーチしますか。」　②「彼はどうやってここへ来ましたか。」③「今日は何曜日ですか。」　④「あなたはどこへ行くところですか。」　⑤「今日の午後は何をしていましたか。」　⑥「きのうの天気はどうでしたか。」

---

6 ① take my sister to the library before
　　　② did you go skiing in
　　　③ kind of music do you like
　　　④ went for a drive to Izu with

解説 ①サリー「ダイスケ，今日の放課後何か予定はある？」「うん，夕食の前に妹を図書館へ連れて行くんだ。」　②リサ「いつ長野へスキーに行ったの？」ショウタ「この前の冬だよ。」　③ケイト「どんな種類の音楽が好き？」ユカ「Jポップよ。」　④タクヤ「この前の日曜日はどうやって過ごしたの？」ベッキー「家族で伊豆へドライブに行ったわ。」

7 ① **with**　② **by**　③ **has**
④ **on**　⑤ **good pianist**
⑥ **sixth**

解説 ①「私はナイフでリンゴを切りました。」②「私たちはタクシーで空港へ行きました。」③「私の町には2つの動物病院があります。」④「私は日曜日はたいてい家で過ごします。」⑤「彼女はピアノをひくのがとても上手です。」⑥「リストの私の名前の前に5人の名前がありました。」→「私はリストの6番目の人でした。」

8 ① イ→ウ→ア　② ウ→イ→ア

解説 ①「あなたの誕生日はいつ，ケン？」「11月25日だよ。」「まあ，クリスマスのちょうど1か月前ね。」「そうだね，そのとおりだ。」②「いらっしゃいませ。ご用はありますか。」「はい。白いテニスシューズをさがしています。」「そうですね，当店には白いのが3種類あります。」「よかった。はいてみてもいいですか。」

9 ① **He is [comes] from Canada.**
② **He was born on [His birthday is] December 14(th).**
③ **His favorite subject is [He likes] science.**

解説 ①be [come] from 〜「〜の出身だ」②「彼は〜に生まれた」または「彼の誕生日は〜だ」と表現する。　③favorite「お気に入りの」

10 ① **How much was the [that] ticket?**
② **My father usually goes to bed at eleven (o'clock [p.m.]).**

③ **There are about a [one] hundred thousand people in my city. [My city has about a [one] hundred thousand people.]**

解説 ①How much is 〜?「〜はいくらですか。」②goes の es を忘れないように。　③「私の市にはおよそ10万の人々がいる。」と表現する。10万は100×1,000 だから，a hundred thousand。

36 I am going to 〜.

262 ① **is going**　② **are going**
③ **going to**

解説 be going to 〜で「〜する予定だ」「〜しそうだ」の意味を表す。

263 ① **I'm not going to buy a new bicycle.**
② **Is she going to move to Osaka?**
③ **What are you going to buy?**

解説 ①「私は新しい自転車を買う予定[つもり]ではありません。」②「彼女は大阪へ引っ越す予定ですか。」③「あなたは何を買う予定ですか。」

264 ① エ　② ウ　③ ア

解説 ①「姉[妹]は運転免許を取る予定です。」②「その生徒たちは公園で何をする予定ですか。」③「あなたは彼女と一緒に勉強する予定ですか。」「はい。」

265 ① **are going to be busy**
② **time is the game going to start**
③ **is going to win the race**

解説 ②疑問文だから is を主語(the game)の前に置く。　③who が主語なので，その後ろに is を置く。

266 ① It's [It is] going to rain in the afternoon.
② They aren't [are not] going to work tomorrow.
③ Where are you going to have [eat] lunch?

解説 ② be going to を否定文で使う。 ③ be going to を疑問文で使う。

37 I will ～.

267 ① ウ ② ア ③ ア ④ ウ

解説 will の後ろには必ず動詞の原形を置く。 ④ は I am → I will be と考える(be は be 動詞の原形)。

268 ① ア ② イ

解説 ① 「～しようと今決めた」は I'll [I will] ～ で表す。I'm going to ～ は前から決めていた予定を表す。 ② ア は「彼は医者になるだろう。」の意味。

269 ① I won't [will not] walk to the station.
(私は駅へ歩いては行きません。)
② My father won't [will not] buy a new car.
(父は新しい車を買わないだろう。)

解説 ① 「別の手段(たとえば自転車)で行きます。」ということ。 ② 「父は新しい車を買うつもりではない。」なら, My father isn't going to buy a new car. と表現する。

270 [A] Will the singer become popular?(その歌手は人気になるでしょうか。)
[B] ① Will, be, will
② Will he, won't

[C] ① When [What time] will he be back?
② Where will Sayaka go?
③ Who will win the English speech contest?

解説 [A][B] 疑問文は will を主語の前に出して作る。答えるときは will または won't を使う。[C] ① 「彼はいつ[何時に]戻ります[戻るでしょう]か。」 ② 「サヤカはどこへ行くでしょうか。」 ③ 「だれが英語弁論大会で勝つでしょうか。」

271 ① エ ② ウ ③ ア

解説 ① 「兄[弟]は来年高校生になります。」 ② 「私たちは今日は外出しません。」 ③ 「彼女は私のプレゼントを気に入るでしょうか。」

272 ① オ ② カ ③ イ ④ ア
⑤ エ ⑥ ウ

解説 ① 「お父さんは明日帰って来ますか。」「いいえ。」 ② 「バスはいつ来るでしょうか。」「10分後です。」 ③ 「電話が鳴っているわ。」「わかった,ぼくが出るよ。」 ④ 「だれが犬の世話をするの?」「ぼくがやるよ。」 ⑤ 「パーティーには何人来るでしょうか。」「10人くらいでしょう。」 ⑥ 「新しいゲームショップが今度の日曜日に開店するよ。」「いっしょに行こう。」

273 ① 彼はよい仕事を見つけるでしょう。
② 私たちの電車は少し遅れるでしょう。
③ 食べ過ぎてはいけません。気分が悪くなりますよ。

解説 ①② will は「～だろう」の意味。 ③ will は「～だろう,～することになる」の意味。

274 ① is going to ② is
③ I'll

解説 ① 「だれがその仕事をする予定ですか。」「ジョンです。」will を使った質問に John is. とは答えない。 ② 「ママは今日夕食に何をつくる予定かな。」「知らない。私はカレーが食べたいな。」 ③ 「外は雨が降っている。今かさを持っていない

ん だ。」「わかった。ぼくのを貸すよ。」「今決めた こと」は will で表す。

---

275 ① **Which [What] club will Taku join?**
② **It will [is going to] be cold tomorrow.**
③ **The restaurant is going to open on August 1st.**
④ **When is the restaurant going to open?**

解説 ①「タクはどの[何]部に入るでしょうか。」 ②「明日は寒くなるでしょう。」 ③「そのレストランは 8 月 1 日に開店する予定です。」 ④「そのレストランはいつ開店する予定ですか。」

---

276 ① **My (little) sister will be twelve (years old) this September.**
② **They won't [will not] change the plan.**
③ **I'm [I am] going to go to the hospital tomorrow.**
④ **Will it be hot tomorrow? — Yes, it will.**

解説 ①未来のことは will で表す。 ③「～する予定だ」は be going to で表す。 ④It will be hot tomorrow. を疑問文にする。

第 **8** 回 実力テスト

---

1 ① ウ　② エ　③ ウ　④ エ
⑤ ア　⑥ ア

解説 ①ウは [au], 他は [ɔ:] ②エは [f], 他は発音しない ③ウは [ei], 他は [e] ④エは [eər], 他は [iər] ⑤アは [id], 他は [t] ⑥アは [ɑ:], 他は [ʌ]

---

2 ① **read, red**　② **hours, ours**
③ **for**　④ **over**

解説 ①「先週, 私は『ハリー・ポッター』の本を 4 冊読みました。」「このリンゴを見て！とても大きくて赤いよ。」 ②「私はきのう 9 時間眠りました。」「『これは誰のですか』『ああ, それは私たちのです』。」 ③「私はバッグをさがしています。」「父は先週ホノルルへ向けて出発しました。」 ④「授業が終わったとき, 雨が降り出しました。」「その歌は日本中で有名です。」

---

3 ① **are there**　② **an, teacher**
③ **much rain**　④ **on, way**
⑤ **had, time**

解説 ①「あなたの部屋には何冊の本がありますか。」 ②「カーター先生は英語の先生です。」 ③「先月はたくさん雨が降りました。」 ④「私はきのう家に帰る途中でメアリに会いました。」on one's way home「家に帰る途中で」 ⑤「彼女はキャンプで楽しみました。」have a good time「楽しく過ごす」

---

4 ① イ　② エ　③ ア　④ ア
⑤ エ　⑥ イ

解説 ①「私は初めてコアラを見ました。」for the first time「初めて」 ②「鉛筆で書いてはいけません。ペンを使いなさい。」 ③「京都から博多までどのくらい距離がありますか。」「500 キロメートル以上です。」 ④「この考えをどう思いますか。」How do you feel about ～？「～についてどう感じますか。」 ⑤「この車はいかがですか。」「とてもいいと思います。」How do you like ～？は「～は気に入りましたか。」と相手の感想をたずねるときに使う。 ⑥「夏休みはどうですか。」What is ～ like?「～はどのようなものですか。」この like は「好きだ」ではなく「～のような」の意味の前置詞。

---

5 ① **Who broke**　② **in, of**
③ **on [over], for**

解説 ②in front of ～「～の前に」 ③on [over] the phone「電話で」, for a long time「長い間」

6 ① How long are you going to
　② How many Japanese students
　　are there in
　③ to the hotel a little before

解説 ②There are ～ in this room. の～の数をたずねる疑問文。　③get to ～「～に着く」，a little before ～「～の少し前」

7 ①ウ　②イ　③B
　④ 10,000

解説 ①直後に「月の最初の日曜日」とある。　②「駿の家族は，12時からビーチが閉まるまでバーベキューパーティーにいる予定です。彼らはどのくらい長くビーチにいるつもりですか。」広告によれば，ビーチの営業時間は午前9時～午後5時30分まで。したがって「5時間半」が正しい。③「駿の家族はどのバーベキュープランを選ぶ予定ですか。」ジェイソンの最後の発言から考える。④「駿の家族は5人でバーベキューパーティーに行く予定です。彼らはバーベキューの代金としていくら払うことになりますか。」広告によればBプランは日曜日は一人2,000円だから，5人の代金は1万円。

全訳
駿：これを見てよ！このビーチへ行ってバーベキューをしたいな。
父：おお！とても楽しそうだね！来月そこへバーベキューをしに行こう。いつなら都合がいい？
駿：4月7日はどう？月の最初の日曜日だよ。
父：ごめん。4月12日までは忙しくなりそうだ。4月の最後の日曜日はどうだい？
駿：いいよ！
父：じゃあ，どのバーベキュープランがいいかな，ジェイソン？たくさん食べたいかい？
ジェイソン：いや，焼きそばは必要ありません。でも全部の種類の肉とスイカを食べたいと思っています。
父：わかった！このプランを選んで，いっしょにバーベキューを楽しもう！

語句
want to ～「～したい」　　BBQ「バーベキュー」
need「～を必要とする」

8 ① We waited for the next bus for thirty minutes [half an hour].
　② We are going to have [eat] lunch near the station.
　③ Where did you buy the [that] nice [wonderful, cool] bag?
　④ I didn't know that.

解説 ①wait for ～「～を待つ」　④「私はそれ［そのこと］を知らなかった。」と表現できる。ユリの発言は「ねえ，ジョン！新しい生徒が東京から私たちの学校に来るのよ。」の意味。